中华爱国
人物故事
ZHONGHUA AIGUO RENWU GUSHI

转战白山黑水的抗日英雄赵尚志

孟庆宇　编著

吉林人民出版社

图书在版编目(CIP)数据

转战白山黑水的抗日英雄赵尚志 / 孟庆宇编著. --
长春：吉林人民出版社，2011.5
（中华爱国人物故事）
ISBN 978-7-206-07836-1

Ⅰ. ①转… Ⅱ. ①孟… Ⅲ. ①赵尚志(1908～1942)
－生平事迹 Ⅳ. ①K825.2

中国版本图书馆CIP数据核字(2011)第075756号

转战白山黑水的抗日英雄赵尚志

ZHUANZHAN BAISHAN HEISHUI DE KANGRI YINGXIONG ZHAO SHANGZHI

编　　著：高　帆
责任编辑：孙　一　　　　　　　封面设计：七　洱
吉林人民出版社出版 发行（长春市人民大街7548号　邮政编码：130022)
印　　刷：鸿鹄(唐山)印务有限公司
开　　本：670mm×950mm　　　1/16
印　　张：8　　　　　　　字　　数：70千字
标准书号：ISBN 978-7-206-07836-1
版　　次：2011年5月第1版　　印　　次：2021年8月第3次印刷
定　　价：35.00元

总　序

胡维革

　　《中华爱国人物故事》是一套故事丛书。它汇集了我国历史上80位古圣先贤、民族英雄、志士仁人、革命领袖、先进模范人物的生动感人史迹，表现了作为中华民族优秀传统的伟大的爱国主义精神。

　　爱国主义是人们对于"生于斯、长于斯、衣食于斯"的祖国的一种神圣感情，是人们对于自己民族的一种强烈的责任感和使命感，是感召和激励整个中华民族的一面永不褪色的旗帜。在漫长的历史上，爱国主义一直激励着中华儿女为祖国的独立、统一、进步和繁荣而英勇奋斗。从伟大的思想家教育家孔子到统一全国的千古一帝秦始皇，从秉笔直书著《史记》的司马

迁到鞠躬尽瘁死而后已的诸葛亮,从伟大的浪漫主义诗人李白到精忠报国的民族英雄岳飞,从七下西洋传播友谊的郑和到抗击倭寇的民族英雄戚继光,从苟利国家生死以的林则徐到为变法流血的第一人谭嗣同,从威震敌胆的抗联将军杨靖宇到人民音乐家聂耳与冼星海,从踏遍青山人未老的李四光到万婴之母林巧稚,从县委书记的好榜样焦裕禄到情系雪域献身高原的孔繁森……都表现出了强烈的爱国主义精神。正是由于热爱祖国的人们前仆后继地奋斗,国家和民族才得以生存,历经一次次历史危急关头而能转危为安,走向兴盛和富强,从而屹立于世界民族之林。爱国主义是鼓舞中华儿女历经忧患、跨越沧桑、百折不挠、自强不息的伟大力量,它贯穿于中华民族的整个历史,并有力地凝聚着五洲四海的中国人。

爱国主义是一个历史的范畴,在社会发展的不同阶段、不同时期有着不同的具体内容。革命时期,需要我们为祖国的独立自主出生入死;建设时期,需要我们为祖国的繁荣富强增砖添瓦;在全国各族人民团结一心建设富强、民主、文明、和谐的社会主义现代化国家的今天,我们要争做一名新时期的爱国者。新时期的爱国者要有强烈的民族自尊心和自豪感。民族自尊心和自豪感是任何时期任何爱国者都必须具备的情感。民族自尊心能增强我们自立向上的恒心,民族自豪感能树立我们建设祖国的信心。要树立"祖国高于一切"的崇高信念,为了祖国和人民的利益不惜抛却个人的利益,甚至不惜牺牲个人的生命。要树立终身学习的理念,拓

宽自己的知识面,广泛吸收新知识新技术,完善自身的知识结构,更新学习知识的方法与理念,从思想上、知识上充分武装自己,为祖国的繁荣昌盛贡献力量。

爱国主义思想的继承和发扬,是关系到民族盛衰、国家兴亡的根本问题。一代代人爱国主义思想情操的形成,需要不断地培养。培养爱国主义的一个重要途径是向爱国主义的英雄人物和典范事迹学习。这套丛书的出版,对于人们向英雄和先进人物学习,特别是对于在中小学生中进行爱国主义教育,将可提供一些生动的教材。祝愿此书出版发行成功,为培养"四有"新人做出贡献。

于 2011 年 4 月 23 日

世界读书日

中华爱国人物故事

目录
CONTENTS

目 录。
CONTENTS

发愤图强　寻求民族解放

1942年2月22日凌晨，东北抗日联军一名将领率领一支小分队在冰天雪地里艰苦跋涉，去袭击敌人在我祖国边疆设立的一个据点——汤原县梧桐河警察所。突然，一颗罪恶的子弹从他背后穿透了他的腹部。他强忍剧痛回手击倒了混入小分队的那名敌特分子。这时，埋伏在

赵尚志画像

周围的敌人一起包围过来。他命令身边战友携带文件迅速转移，而他留下来作掩护与敌人拼搏。但是，由于他伤势太重而昏迷过去。敌人把他拉到警察所进行审讯。在生命的最后时刻他仍然宁死不屈，同敌

人进行了针锋相对的斗争。在日伪的一份报告中记载了他牺牲前的表现：受伤后活8小时左右……审讯时，他对审讯他的警察说："你们不也是中国人吗？你们出卖了祖国。我死了没关系。我就要死了，还有什么可问的……"他狠狠地瞪着警察们，没有发出一声呻吟。他就是东北抗日联军的著名将领——民族英雄赵尚志。

白山黑水间的东北大地，是带有游牧特色的满族的发祥地，近代又由敢闯关东的内地流浪者开拓，还长期成为俄、日殖民地。深重的民族压迫和地方特点，造就了一批性格粗犷的英豪，赵尚志就是其中突出的代表。日寇占领东北后，他在拉起抗日队伍时屡挫屡起，在酷

寒的林海雪原中拼搏多年，成为东北抗联的一面旗帜。他从学生时代起便学习马列主义，将阶级解放与民族解放结合，由自发的民族反抗者转变成自觉的共产党员。

1908年10月26日，在辽宁省朝阳县喇嘛沟村的一户农民家庭里出生了一个男孩，取名赵尚志。父亲是位前清秀才，教过私塾。1916年夏，赵父领导清乡自治会反抗官兵强收捐税斗争遭镇压，家被焚烧。其父与长兄为逃避官兵搜捕，流亡哈尔滨。赵父为人刚直正派，关心

赵尚志的父母亲

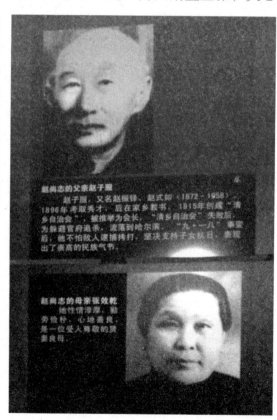

赵尚志的父亲赵子服

赵子服，又名赵振铎、赵式如（1872－1958）。1896年考取秀才，后在家乡教书，1915年创建"清乡自治会"，被推举为会长。"清乡自治会"失败后，为躲避官府追杀，流落到哈尔滨。"九·一八"事变后，他不怕敌人逮捕拷打，坚决支持子女抗日，表现出了崇高的民族气节。

赵尚志的母亲张效乾

她性情淳厚，勤劳俭朴，心地善良，是一位受人尊敬的贤妻良母。

民众的疾苦和国家民族的安危，其忧国忧民的思想对赵尚志等兄弟姐妹影响很深。

赵尚志家里兄弟姐妹11人，他排行第六。赵尚志6岁时跟父亲读私塾，帮母亲干点家务活，从小就养成了爱学习爱劳动的习惯。父母兄弟姐妹都很喜欢他。

旧中国在帝国主义、封建主义和官僚资本主义"三座大山"的压迫下，人民处在水深火热之中。为了逃避官兵的搜捕，于1912年，赵尚志一家逃到哈尔滨谋生。而哈尔滨当时是个殖民地色彩十分浓厚的地方，素有东方小巴黎之称，其贫富悬殊、民族歧视、红灯绿酒的花花世界，映照着民族的屈辱和民众的煎熬，这在赵尚志的思想中打下了深深的烙印。由于家庭生活困难，他不能继续读书了，与二哥等一同挑起帮助父亲养家糊口的重担。开始时他给一个白俄老板家当杂役。每天要起早贪黑地打扫卫生、劈柴扫院、看孩子，干做不完的杂活。脾气古怪的白俄老板惯于挑毛病，不时指手画脚操着生硬的中国话训斥说这也不对、那也不是，动不动就大发雷霆，吵骂一顿。为了挣得微薄的工钱，赵尚志只得忍气吞声。半年后，赵尚志实在难以忍受白俄老板的虐待，便离开了这个令他痛恨的殖民者的寓所。

1923年，父亲托人把15岁的赵尚志介绍到华俄道胜银行哈尔滨分行道里支行当"信差"。他在道胜银行工作一年多时间，从事着领取公文、书信、递送传票的工作。由于工作的性质使他能更多地接触到殖民地社会的各个方面。他从白俄奢侈豪华的生活与中国百姓牛马不如的生活的强烈对比中，更深刻地感受到了殖民主义的黑暗和不平。特别是当想到自己"信差"的卑微身份常常遭人冷落、白眼时，他领略了作为一个弱国国民的悲哀和痛苦，他内心对黑暗的现实充满了强烈的愤恨。他仇恨侵略者，发愤寻求民族解放和自身的解放。

哈尔滨华俄道胜银行旧址

入许公学校　组建学生组织

　　赵尚志16岁时，因得到赴苏联做工的哥哥接济而家境好转，便再去求学。只经过半年补习，他便考入了哈尔滨许公工业学校。1925年2月，他经过考试合格进入许公学校补习班。同年8月，又经考试合格，升入中学

赵尚朴
（1906—1989），赵尚志的二哥。1932年加入中国共产党。1937年"七·七"事变后，参加马占山领导的东北抗日挺进军，后被党组织派往延安抗日军政大学学习，随后在晋绥地区开展抗日救亡活动。1982年离休前为哈尔滨市第七届人民代表大会常务委员会副主任。

赵尚武
（1920—1943），抗日烈士，赵尚志的四弟。17岁参加八路军西北战地服务团，从事文化工作，1938年加入中国共产党。1942年被派往晋察冀军区抗敌剧社，担任剧社音乐队副队长。1943年12月2日在反日寇扫荡中壮烈牺牲，年仅23岁。

赵尚英
（1910—1980），赵尚志的四妹。1930年考入上海艺术大学戏剧系。1937年"七·七"事变后，参加抗日救亡剧队，宣传抗日救亡。她是我国早期影剧界进步人士、现代话剧创始人之一、著名表演艺术家。

满门忠烈

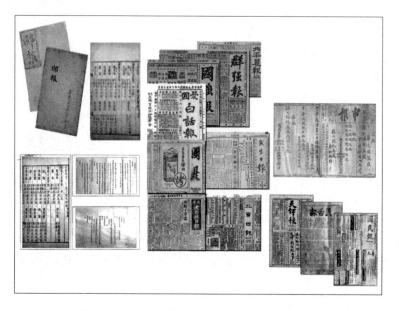

一班，成为这所学校的第一期学生。入学后的赵尚志非常珍惜自己努力争取的学习机会。虽然他放弃了有收入的职业，增加了家庭的负担，但是这并未影响他的求学、进取之心。在许公中学，他是一名穷学生，也是一名好学生，同学们都佩服他。

许公学校是 1924 年 12 月，为纪念中东铁路第一任督办许景澄而设立的一所学校，全称为许公纪念实业学校。地址在南岗区邮政街 143 号。

赵尚志喜欢读课外书，他弄来不少进步书刊，在寝室里设了一个书架，陈列着《少年百科全书》及《新文化》等书籍，专供同学阅读。并与吴安国、张儒林、张选青等同学倡议成立了"文术研究会"，请求校长熊知白允许。熊校长以为赵尚志等研究文学，事属正当，没有发现背离校规之意，因此未加禁止，并令更名为"文学研究会"。文学研究会实际是"读书会"。该会成立后，赵尚志便组织同学阅读《向导》《中国青年》等进步书刊，引导同学学习新文化，接受新思想。

1925年3月12日，伟大的革命先行者孙中山先生在北京病逝。29日，由中共党员参与组织的哈尔滨14个群众团体参加的孙中山先生追悼大会在基督教青年会举行。会后，《平民周报》发表纪念孙中山先生追悼大会专刊，广泛宣传孙中山先生一生为革命而奋斗的历史。纪念孙中山先生逝世的活动在社会上产生了很大的影响，也使他受到很大的鼓舞。

孙中山先生忧国忧民不懈奋斗的一生激励了赵尚志的思想，他开始注意关心时事政治了，经常阅读进步书刊，和一些同学就社会热点问题展开辩论，成为班级中的活跃分子。后来结识了中共哈尔滨党组织负责人吴丽石和负责青年工作的彭守朴，通过多次接触使他懂得了更多的革命道理，他开始重新审视人生，审视社会，从此找到并走上了革命的道路。

1925年5月，反帝反封建的"五卅运动"在上海爆发。30日，在上海南京路上鲜血酿成的大惨案震惊中外。由此引起的中国现代史上强劲的反帝大风暴迅速席卷全

孙总理纪念碑

　　孙中山先生忧国忧民不懈奋斗的一生激励了赵尚志。

国各地。

消息传来，哈尔滨市的工人、学生、爱国工商业者，纷纷行动起来，罢工、罢课、罢市，抗议日英帝国主义的野蛮行径。6月17日，哈市学界后援会发出通电，表示"誓死抗争，并经济绝交，一致行动之"。

与此同时，赵尚志也带领许公中学学生活跃在三十六棚等工人居住区向工人及家属散发传单、发表演说。在声援上海"五卅"斗争期间，赵尚志还在学校成立了学生会，他被推举为副会长兼交际股长。

在哈尔滨市为声援"五卅"惨案而开展起来的学生爱国运动中，作为许公中学学生会副会长兼交际股长的赵尚志，和同学们一起走出校门，上街游行，愤怒示威。他们在街头散发传单，进行讲演，揭露"五卅"血案事实真相，声讨日、英帝国主义枪杀中国同胞的罪行。在"五卅运动"中，赵尚志受到了革命斗争的锻炼和考验。他在中共哈尔滨特支书记吴丽石的帮助下，思想觉悟有了很大提高。他看到了中国共产党敢于领导人民大众反对帝国主义和封建军阀势力，是民族解放的希望所在。他坚信一个没有帝国主义，没有压迫，没有剥削，自由、平等的新社会定会在中国实现。他确认共产主义是自己的理想。于是向党组织提出了入党的申请，不久被批准，他光荣地加入了中国共产党。入党后，他更积极地从事

1925年，赵尚志加入中国共产党，这是他的入党介绍人彭守朴。

中共哈尔滨特别支部负责人吴丽石。他支持赵尚志投考黄埔军校，并亲自为他筹措路费。

赵尚志的入党介绍人、投身革命的引路人

政治活动。他精力充沛，废寝忘食，在市内各学校间做宣传、鼓动工作，引导学生奋起救国，从事改造社会的斗争。

哈尔滨的反帝爱国运动，引起了哈尔滨行政当局不安，生怕运动发展下去会演化成大规模的"过激"行动。于是，东省特别区行政长官于冲汉，于9月6日发出"咨文"："现在苏联对于中东路沿线积极宣传赤化，处处拟从教育入手，迩来各种举动益形昭著，若不严加防范，何足以保治安？凡属特区学校同隶统治之下，自应一律派员视察。以杜宣传而遏乱萌"。在这场"防过激"

"防赤化宣传"的行动中，赵尚志成为许公学校一名重点"整饬"对象。熊校长为上司明令所迫，大耍两面三刀，力图将学生会扼杀在摇篮中。终于在同年冬季的一天，把赵尚志等人叫到校长室，挨个盘问。熊校长以威胁的口吻说："学生就应该埋头读书，不要组织这个会那个会的，不要图谋不轨，我劝你们还是赶快宣布解散学生会！"

赵尚志纪念室

　　赵尚志等拒绝了这个"劝告"和"命令"。赵尚志坚定地说："不，学生会是学生们好好学习爱国的革命道理的组织，并没干对不起国家民族的事，不能解散！"熊校长满脸铁青，气急败坏地说："如果你们不听劝告，学校就要开除你们！你们要好好地想一想。"赵尚志马上斩钉截铁地回答："没啥好想的，学生会不能解散，而且还要发展壮大！"熊校长气得嚎叫起来："你们不遵守校规就开除，马上开除……"赵尚志轻蔑地瞥了校长一眼，扭过头来和另外两名同学走出校长办公室，回到教室，在自己座位上收拾书籍，收拾完挟在腋下，由教室里从容而镇定地走出来，离开了许公中学。他那神色安然、态度潇洒、若无其事的样子，使校长气急败坏。熊校长大声叫喊着："你这么傲慢，我会叫警察来的。"然而，在同学中，他却赢得了钦佩的目光。就这样，赵尚志结束了在许公学校的学生生涯。

　　由于赵尚志经常外出宣传，带领学生开展反帝爱国活动，故引起学校的不满。1925年12月，许公中学以"旷课太多，请假未准，擅自出校"为由将赵尚志及另一名同学开除出校。

考黄埔军校　学习军事

　　赵尚志在被许公中学开除前，曾阅读过黄埔军校校刊《黄埔潮》，了解到黄埔军校是座革命的熔炉。他十分渴望能到这所军校去学习军事。当他得知黄埔军校招生的消息后，即向组织提出投考的请求。中共哈尔滨特支负责人吴丽石经过认真考虑，同意他去投考。

　　1925年12月，赵尚志告别家人，抱着到黄埔努力学习革命本领，学成之后回东北进行革命斗争的坚定决心，携带着吴丽石写的

介绍信和党组织为其筹集的路费，登上了南下的列车，奔赴广州。

在广州，经过严格的考试，他被录取了，成为黄埔军校第四期入伍生。这时候，在中国南方，轰轰烈烈的反帝反封建大革命正在迅猛地开展着。革命形势迫切需要军校造就培养出大批的有坚定革命意志、掌握革命理论和丰富军事知识的人才，因此，学校所教授的科目比较多，学习训练十分紧张。赵尚志因身材矮小、体质较差，有些科目跟不上，但他刻苦用功，不甘落后。他把许多休息时间都用在学习和训练上。功夫不负苦心人，

黄埔军校旧址

很快，他的成绩赶了上来，赢得了教官和同学们的称赞。

进入黄埔军校后，赵尚志加入周恩来领导的"青年军人联合会"，成为共产党组织的青年军人联合会的积极分子，与"孙文主义学会"的反动学生经常展开斗争，并以观点激进、敢打敢斗闻名。翌年春，蒋介石"整理党务"压制共产党时，校方又将赵尚志视为最不安分者，迫使他中途退学。

1926年初夏，根据东北革命斗争的需要，党组织派遣他回东北，从黄埔军校回到哈尔滨，在中共哈尔滨地委工作，是"妇女运动"负责人。以后又负责中共长春支部长春通讯站工作。11月，由中共哈尔滨地委派往长春地区进行革命活动。

赵尚志在黄埔军校学习时间尽管为时很短，但对他来说是非同寻常的。它使赵尚志在以后投身戎马生涯，对于他在长期的革命斗争中，特别是在东北抗日游击战争中，指挥抗日部队和日本侵略者进行不屈不挠的斗争，起着重要作用。

返回东北　积极抗日

　　1926年初夏，根据革命斗争的需要，党组织派赵尚志潜回东北的哈尔滨开展革命斗争活动。面对自己的第二故乡，他感慨万分，对它真是既熟悉又陌生。这里没有南方那种炽热的革命景象，到处是由反动统治阶级造成的令人窒息的冷落、沉闷和凄凉。

　　1931年9月18日，震惊世界的"柳条湖"事件爆发。日本帝国主义以武力侵略中国，蒋介石国民党政府却奉行丧权辱国的不抵抗政策。日本关东军占沈阳、夺吉林、陷齐市，肆无忌惮地攻城略地，践踏我东北大好河山。1932年2月5日，又攻陷北满重镇——哈尔滨。仅数月之间，东三省绝大部分领土沦于敌手，三千万同胞陷入了水深火热之中。

　　在民族存亡的危急关头，中共满洲省委根据中共中央《关于日本帝国主义强占东三省事件宣言》的精神，

号召人民群众罢工、罢课、罢市，发动武装斗争，反对日本帝国主义的武装侵略，誓将侵略者驱逐出中国。

中国共产党的反日号召，极大地振奋了中华民族的斗争精神。在亡国灭种的危机面前，一个声势浩大的反日爱国浪潮在东北大地迅速掀起。

赵尚志回到东北后，在中共哈尔滨市委、长春支部等地负责学生和青年运动。1927年2月，赵尚志受北满地委派遣，在长春筹建国民党吉林省党部，任常委兼青年部长。3月，因国民党案件在长春被奉系军阀逮捕，并押解于省城吉林，关押在吉林第一监狱。在狱期间与敌人进行了坚决斗争。

1929年3月，赵尚志被解往江苏苏州监狱。5月，经江苏省高等法院审判，宣布无罪释放。6月，获释后回到

哈尔滨，在中共北满地委负责青年工作。同年下半年，去沈阳，在团满洲省委负责青年工作。

1930年3月，受中共满洲省委书记刘少奇派遣，到上海参加党中央高级训练班和团中央训练班学习。

1930年4月，因在沈阳国民外交协会会场夺取讲坛

苏州监狱

　　1927年3月至1929年3月，赵尚志被关押在吉林省第一监狱，后被押往南京，随后被关押在苏州监狱。

公开演讲而被捕，拘押于沈阳宪兵司令部侦缉处拘留所。审讯期间受尽酷刑，坚贞不屈，虽受到酷刑拷打，却只是怒骂。5月，被转押于沈阳第一监狱，在狱中与敌进行英勇斗争。10月，在狱中秘密党组织"党团干事会"领导下，成立"经济委员会"任组长。

1931年"九一八事变"后，沈阳政权交替出现混乱，12月，经党组织营救，赵尚志被释放出狱。他随即赶到哈尔滨，发动工人、学生支援义勇军抗战。

1932年初，中共满洲省委由沈阳迁入哈尔滨。这时，

《盛京时报》1930年6月27日报道

　　在狱中，赵尚志经常把头伸向窗外，向其他监舍的"犯人"和看守讲演，进行革命宣传。当时《盛京时报》以题为"共党在监狱中犹复大肆宣传"对此报道。

赵尚志任全满反日党团书记。他遵照省委指示"应以布尔什维克的坚决性与敏捷性来进行动员"的要求，与以哈市商船学校教授身份为掩护、在省委秘书处工作的冯仲云（后任省委秘书长）一起，来到呼海铁路工厂向工人作反日宣传。他们趁工人下班刚涌出工厂大门时，召集工人聚会，进行讲演。赵尚志以慷慨激昂的语调号召工人团结起来罢工、怠工，支持义勇军的斗争，打倒日本帝国主义。冯仲云与之相配合，把藏在怀里的抗日传单一张张地散发给工友们。

一次，赵尚志去松花江北某地作宣传鼓动工作，是时天已渐暖，大江开始解冻，过江十分危险。为了完成任务，他想尽办法，找来两根长木杆，放在冰上，自己趴在上面，慢慢地向前挪动，冒着生命危险，终于渡过江去，完成了这次任务。

1932年4月，日本侵略者大举向哈尔滨以东和以北地区进犯。反日义勇军与日本侵略者在北满展开激烈战斗。松花江以南的宾县、方正、珠河、延寿、依兰等地李杜、冯占海、邢占青所率义勇军极其活跃，其活动范围直迫哈市市郊，"哈市在炮声震撼之下，风声鹤唳，市面一日数惊"。

炸毁军车　初显英雄本色

1932年，赵尚志等人炸毁日本军车一列，图为事后现场。

为了痛击日本侵略者，呼应抗日义勇军的斗争，振奋民众的抗日斗志，赵尚志与哈尔滨商船学校学生范廷桂（中共党员）一起，于1932年4月12日在哈尔滨市郊区城高子附近火车线路上成功地颠覆了一列日军军车。

1932年2月5日，日本帝国主义侵占哈尔滨后，又沿中东铁路向我国东北地区的东部进犯。日军通过中东铁路运输军队和军火特别繁忙。当时设在哈尔滨的中共满洲省委，除了领导东北人民进行反日武装斗争外，还在各大城市进行反日宣传和组织党团员和反日会员在敌人的后方进行破坏和扰乱活动。组织炸毁敌人的军用列车就是其中一项重要工作。

1932年4月初的一天，哈尔滨地下党组织获得一份情报，说晚上将有一列开往牡丹江的日寇军用火车从哈尔滨通过。省委决定派中共地下党员贺昌之（曾任北满特委宣传部长）来完成炸车任务。贺昌之是南方人，曾在江西根据地当过红军，武装斗争经验很丰富，但他对哈尔滨的地理情况不熟。为了慎重起见，省委让刘桂清（又名刘亚芝）协助他完成任务。刘桂清原是香坊平民女子工厂女工，1931年加入中国共产党后，负责反日会工作。同时与贺昌之组织假家庭，后成为夫妻。这次炸车决定在香坊成高子附近进行。刘桂清十分熟悉这块地方的地理情况。他们选定离成高子车站500米的铁路旁。离火车到来只有15分钟时，他们迅速埋好炸药接好雷管，然后撤到旁边的小树林里，这时一列军车过去了，但因雷管失效，炸车没有成功。

几天后，党组织又掌握一个情报，4月12日夜，将

有一列满载日本关东军多门师团和客货混编军车通过成高子车站。为了保证完成这次炸车成功，这次派赵尚志和范廷桂去完成炸车任务。赵尚志曾在广州黄埔军校学习过军事知识，范廷桂是东北商船学校的学生，在这所海军学校里也学习过军事。当时，他们都负责哈尔滨反日会工作。他们接受上次炸车失败的经验教训，为了万无一失，采取了破坏铁道的办法来搞掉这列军用火车。

白天，他们赶到现场进行了观察。选定了离成高子一里地远的一段铁道，下面是涵洞，地面与路基有六七

中国人民抗日战争纪念碑

米高。晚上，赵尚志与范廷桂埋伏在铁道旁的小树林里。当夜深人静时，他俩采取行动，拆掉路轨接头的螺栓。当他们认为列车完全能够脱轨时才离开现场。

夜里10时50分，一列军车准时开来，突然一声巨响，火光冲天，日寇军火列车从机车到整个17节车皮（5节客车12节货车）全部脱轨，滚到路基下面，并发生了爆炸。车上的军火和物资随着爆炸声全部报销，造成百余名日军伤亡，日寇损失惨重。在寂静的夜里，爆炸声与日寇的嚎叫声交织在一起，惊动了附近沉睡的居民，人们跑出屋子，目睹了一片火海，心中十分振奋。日伪当局由哈尔滨火车站连续发出3列救援列车，急速驶到炸车现场，收容尸体和清理被毁的军用物资，用了14个小时才勉强将铁路修通。4月14日，《盛京时报》以《日军由方正向哈凯旋中，列车颠覆死伤者多》为题做如下报道："多门中将麾下日军兵车由方正凯旋哈尔滨途中，12日午后10时50分钟驶至离哈东方17公里之地点，被人设计颠覆，至死者11名，受伤者93人。"

赵尚志、范廷桂这次破坏敌军用列车的战斗，没用一枪一弹，巧妙地利用铁路基大坡道与高路基的条件，将敌军用列车颠覆。胜利的消息在哈尔滨市很快传开，全市人民无不拍手称快，这一辉煌的战果，大大鼓舞了中国人民抗击日本侵略者的斗志。

奔赴巴彦　组织抗日游击队

在中共满洲省委成员中，赵尚志是最早搞军事的人。当年，党在东北没有蓬勃的工农运动作为基础，早期的抗日义勇军基本由旧奉军和原土匪、山林队组成，在日军进攻下仅一年便纷纷溃散。赵尚志深感旧式武装难以依靠，虽身单力薄，却决心拉起一支共产党的军队。

义勇军失败后，接任中共满洲省委军委书记的赵尚志于1932年春赴巴彦地区，改造那里的土匪和杂色武装，并于同年秋打出了中国工农红军第三十六军江北独立师的旗号，

铁血英魂

緬怀战友赵尚志

乙酉夏　韩光

成为党在北满建立武装的开拓者。

1932年4月，赵尚志任中共满洲省委军委书记，负责组织、领导反日武装斗争的工作。为了开展反日武装斗争工作，他根据省委指示，奔赴哈北地区的巴彦县境，找到了张甲洲率领的反日武装——东北工农反日义勇军（又称巴彦游击队）。"九一八事变"后，巴彦游击队成为北满成立较早、由中国共产党直接领导的抗日武装。最初的领导人张甲洲是清华大学政治系的毕业生，"九一八"后，他投笔从戎，经满洲省委同意，回到家乡巴彦县北部山边的张家油坊组织队伍，很快拉起了一支200多人的队伍，并在1932年5月23日，农历四月十八日庙会这天，正式打出抗日的旗帜。

这是一支利用各种社会关系，联合民团、士绅、知识分子，以及抗日山林队（土匪）组成的一支有一两百人的反日队伍。

很快，黄埔军校出身的赵尚志被委派协同读书出身的张甲洲。1932年5月，巴彦游击队新来了一位个子不高的参谋长。这个年仅24岁的年轻人化名李育才，人称"小李先生"，是满洲省委直接委派到巴彦游击队的省委代表，此前任职中共满洲省委军委书记。游击队里的许多人都感到"小李先生"不是一般人，但他们不知道，此人正是日后名震四海的东北抗联英雄赵尚志。

在巴彦游击队任参谋长时的赵尚志

中共满洲省委为了加强对这支反日武装的领导，指派赵尚志打入到这支队伍中开展工作。一方面要把这支队伍转变为真正的工农反日义勇军，另一方面要帮助这支队伍明确斗争纲领。这时他化名李育才，人称"小李先生"，任参谋长。

为了把这支队伍建成党的抗日武装，树起一面鲜艳的抗日旗帜，他必须想办法使这支队伍发生根本转变。他首先整顿纪律，并从各队抽调品质好的战士，建立了以培训抗日骨干力量为主的教导队。教导队军纪严明，规定战士干部不许说土匪黑话，长官不许有军阀作风，官兵不许损害群众利益。全队要处处发挥先锋模范作用，成为全工农义勇军的中坚和榜样。教导队的成立，使部队逐渐发生变化，加强了队内的思想政治工作，改善了同人民群众的关系，部队素质有了明显提高。部队每到一处便向老百姓进行抗日宣传，通过召开群众大会、张贴标语等多种形式动员群众参加反日武装斗争，支援工农反日义勇军；号召群众行动起来，团结一致，拿起刀枪，抗日救国；宣布只要反日救国，不管什么人，义勇军都收留，携枪带马则更好。经过宣传动员，许多群众加入了队伍，一些游民、地主和富农子弟也前来加入工农反日义勇军。一时，队伍有了很大发展。

随着反日斗争的开展，工农反日义勇军逐渐壮大起来，成为党领导的活跃在哈北地区抗击日本侵略者的一支重要队伍。为打击日本侵略者扶植起来的伪县政权，振奋民众反日斗志，1932年8月，25岁的张甲洲和24岁的赵尚志一举攻下了巴彦县城，给敌以重创，"小李先生"也成了哈北一带很出名的人物。这是"九一八"后

1932年，巴彦抗日游击队攻占巴彦县城，游击队指挥员留下永恒的纪念。前排中为赵尚志。

以中国共产党为领导力量的反日部队首次攻占县城。巴彦成了赵尚志抗日斗争的起点。

赵尚志善用骑兵，精良的骑术是身材不高的赵尚志在黄埔军校苦练的成果。1932夏，到巴彦不久的赵尚志便发展起一支600人清一色的骑兵部队，远途袭击是他经常运用的战法。1935年11月7日出版的敌伪报纸《盛京时报》曾这样描述赵尚志骑兵部队的威力："匪首赵大队长尚志督部下党羽三千余名并带机关枪、迫击炮各数十门，军装整齐，枪械精锐。骑匪一千五百名，步匪一千五百名，扯五色旗，戴红袖标，着义勇军字样，风声鹤唳，耀武扬威，由山里汹汹而来。"该报道结尾处写

赵尚志将军指挥作战

道："想赵尚志此次出山，督匪数千，果一拥而进，我拉林兵力单薄，仅有警察队、自卫团等，恐难济于事。"

1932年10月，在东兴指挥部队与敌人战斗时，赵尚志的左眼眶下被弹片击伤，骨质受损，后致左眼失明。不久以后，由于"左倾"错误的影响和队伍内部成分复杂，巴彦游击队在敌人的围攻下瓦解了。1933年1月，巴彦游击队在铁力遭到伪军和地主武装的袭击后，部队严重损失，赵尚志和张甲洲决定化整为零，暂时解散部队。当时的满洲省委认为赵尚志持有"满洲特殊论"的观点，错误地认为巴彦游击队的失败是赵尚志执行右倾路线的结果，并将游击队的失败归罪于赵尚志，令其作"深刻检查"。赵尚志性格倔强，不愿违心地讨好上级，据理申辩，坚持己见，中共满洲省委于是决定开除其党籍。

他不甘心受诬陷，回到哈尔滨千方百计寻找党组织，要申诉自己的意见。在此期间，他曾被日伪逮捕，因查无证据获释，但他和党组织却无法取得联系。在困境中，他抗日报国的决心丝毫没有动摇。

机智勇敢 与敌周旋

　　哈尔滨尚志大街，原名新城大街，形成于1900年前后。它北至友谊路，南至经纬街，全长1.7公里，是哈尔滨最早形成的以百货、银行为主的一条商业大街。早期比较出名的公和利、同发隆、恒顺昌大百货商店；英满、中泰、福顺德、天泰、德泰等银行；新华楼、永安号（今北来顺）、岳阳楼饭店以及益发、同光等洋行都设在这条街上。新中国成立后新城大街更加繁荣，出现了前所未有的大发展，如今商业网点已达数百家。新城大街还具有光荣的革命传统，在旧中国时期，是中共地下党组织群众开展反帝爱国示威游行，散发传单，搞飞行集会的重要场所，并留下像"口琴社""一毛钱饭店""牵牛房""开明书店"等秘密机关旧址。

　　著名抗日民族英雄赵尚志，也与这条大街结下不解之缘。1933年初，赵尚志从巴彦游击队回到哈尔滨，准

为了纪念英雄，哈尔滨新城大街改名为尚志大街

备向中共满洲省委汇报工作。当他正为找不到接头关系着急的时候，突然在《国际协报》广告栏里发现了金伯阳约高庆有到"一毛钱饭店"会面的启事，上述二人均为地下党同志，赵尚志很早就认识他们。于是，赵尚志也奔向一毛钱饭店，当时他衣着褴褛，脸色蜡黄，一只眼睛因受伤包扎着纱布，看上去像个乞丐。当他上前将要向金伯阳说话时，不幸被日伪特务逮捕。他和金、高二人均被押送到道外日本宪兵队，敌人对他们进行了严刑拷打，赵尚志一口咬定自己是来讨饭的，而金、高二人坚持不认识赵尚志，敌人只好将他们分别释放。之后，赵尚志有家不能归，便又回到新城大街，投奔住在新城大街与西十三道街拐角处（今西十三道街23号）的于开

深切缅怀赵尚志将军

迟浩田题

泉（哈工大早期党员，新中国成立后水电部科学院工作）家暂住。于开泉与赵尚志是许公学校的同学，曾一起组织过学生会的工作。当时他穿的棉袄棉裤又脏又破，长满了虱子，于开泉的母亲找出一套半旧半新的棉衣让他换上，于的妻子抱着孩子到婆母屋里睡，把里屋让给赵尚志同丈夫一起住。他们知道挽留赵尚志有危险，但还是把他留下。生活上关心，经济上给予资助，赵尚志得以很快与省委接上头。

赵尚志向省委汇报了巴彦游击队失败的原因和教训后，省委很不满意，认为失败的主要原因是赵尚志执行右倾路线的结果，要他作深刻的检查，赵尚志进行申辩，结果被开除党籍。赵尚志对这种不公正的做法十分痛心，尽管如此，仍

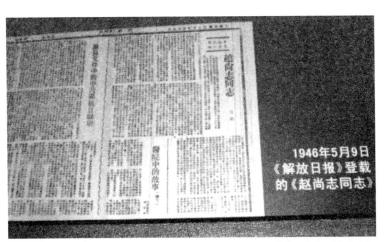

1946年5月9日《解放日报》登载的《赵尚志同志》

没影响他抗日的决心，伤势稍有好转，他便奔赴抗日战场。

1946 年 7 月 7 日，松江省和哈尔滨市各界 20 万人在纪念"七七"抗战 9 周年大会上，由松江省主席冯仲云提议，正式将新城大街改为尚志大街，以资纪念这位抗日民族英雄。

东北创建最早的党报《大连日报》于 1946 年 7 月 7 日出版的首个特辑（特刊）——《东北抗日联军》。

围魏救赵　解救"朝阳队"

1933年春，随着日本帝国主义的野蛮侵略和残酷统治，哈东一带群众饱尝着难以忍受的痛苦。在这种情况

辽宁朝阳评剧团《赵尚志·1933》演出海报

下，哈东一带群众积极要求组织起来武装抗日。当时，在哈东地区的宾县、珠河一带有一支较大的义勇军，即孙朝阳领导的"仁义军"。孙朝阳，热河朝阳县人。曾任马占山部营长，1932年秋率部并联合一些土匪宣布反日。

按当时各武装头领取名报号的习惯，根据本人原籍，报号"朝阳"，其所部亦称"朝阳队"。

1933年4月，赵尚志得知孙朝阳率部在宾县一带活动，便从哈尔滨来到宾县参加了孙朝阳的队伍，当了一名马夫。他试图把这支队伍改造成真正的反日队伍。赵尚志虽被开除党籍，却忍辱负重，宣传共产党的主张，团结了一些弟兄。一次，孙朝阳部队被敌围困在宾县东山，处境十分危险，孙朝阳自己也束手无策。早在黄埔军校受到正规训练并当过中共满洲军委书记的这个"马夫"，便向"大当家的"献策，向孙朝阳提议以攻为守，用一部分兵力守东山，一部分兵力攻击守备空虚的宾县，这样可收"围魏救赵"之效。孙朝阳采纳了这一建议，并让赵尚志率队攻城。赵尚志运用在黄埔学校学习的知

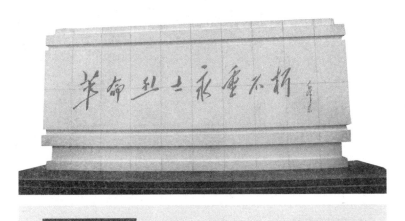

革命烈士纪念碑

识，乘虚而入，果然占领了宾县县城，迫使敌人撤了围，解救了"朝阳队"。事后，赵尚志被任命为义勇军的参谋长，受到全队官兵的信任。这期间，他遇到了中共珠河中心县委派到孙朝阳部工作的李启东。他们相互配合，密切合作，按照中共珠河中心县委的指示原则，在"朝阳队"中更有力地进行着推动部队坚持反日、积极进行对敌斗争的工作。正当他们准备共同改造争取这支队伍的时候，不料，孙朝阳被敌特以进关参加义勇军负责人会议为由骗走，孙部中一些原土匪首领企图暗害队伍中的共产党人。在这种严重的形势下，赵尚志、李启东认

抗日英雄赵尚志

为对孙朝阳部已无继续争取的可能，于是，便带着几个人和一挺轻机枪、四支手枪、七支长枪，脱离了孙朝阳部。后奔赴珠河，创建抗日游击队。

赵尚志等脱离孙朝阳部队这一天，正是农历中秋节。当夜，皓月当空，灿明如镜，薄云远逝，月光如水。然而，赵尚志等却无心翘首欣赏团圆之月，没有那种闲情逸致去品评中秋夜色。他们想到的是在日本帝国主义的铁蹄下，有多少东北同胞家破人亡，妻离子散，不得团圆。"国家兴亡，匹夫有责"，一种强烈的抵御外侮、救国救民的责任感，驱使着赵尚志等在万籁俱寂的中秋之夜，急速地踏上奔赴中共珠河县委的征途。

此后短短的几年间，赵尚志的部队从最初的7人发展到6000人，在数百场大大小小的战役中，很少有失败的时候，其天才般的谋略，让日军闻风丧胆，发出"小小的满洲国，大大的赵尚志"的感叹。

奔赴珠河 创建抗日游击队

珠河县境山峦起伏、林木丛生。蚂蜒河、亮珠河、大泥河流经其间。中东铁路滨绥线沿东西方向横穿而过，将全县分成道南、道北两部分。该县除汉族居民外，善于稻田耕作的朝鲜族居民占有很大比例。

　　"九一八"事变以后，日本关东军侵占了珠河。侵略者凭依武力横行霸道的野蛮行径，激起了人民群众的无比愤慨。为了争取生存的自由，珠河广大民众纷纷自发地开展反对日本帝国主义武装侵略的斗争，积极参加反日的红枪会和义勇军。在此期间，中共珠河县委积极地参与、组织了支援反日义勇军的斗争。同时，县委为创建党直接领导的抗日武装进行了多次尝试。在农村中对农民群众进行了普遍的反日宣传和动员，并组织起反日会等群众组织。

　　1933年10月，赵尚志与珠河中心县委取得了联系，受到县委的热烈欢迎。自从脱离"朝阳队"，找到中共珠

赵尚志纪念馆藏品

河县委，他感到格外舒心、愉快。因为最值得欣慰的是，自己又回到了党组织身边，又在党组织的领导之下。在珠河县委，他听取了中央关于建立反日统一战线等指示精神的传达，倍感亲切。他看到了团结抗日的广阔前途，使他对组建党领导下的游击队及抗日斗争的前途充满了信心。他在县委直接领导下，认真总结了在巴彦游击队和"朝阳队"工作的经验教训，根据中央指示精神，就当前组建珠河游击队工作问题，进行了充分、详细的讨论，最后制定了建立游击队的计划及行动纲领。

1933年10月10日，在珠河县委领导下，珠河东北反日游击队在三股流成立了，赵尚志被选为队长。在成立大会上，他带领13名队员庄严宣誓："我们珠河东北反日游击队全体战士，为收复东北失地，争取祖国自由，哪怕枪林弹雨，万死不辞，赴汤蹈火，千辛不避。誓为武装三千万同胞，驱除日寇出东北，为中华民族独立、解放而奋斗到底！"从此，这支由党直接领导的抗日武装，在珠河掀起了猛烈的抗日风暴。

赵尚志在领导珠河反日游击队开展武装抗日斗争的过程中，首先坚持党的领导，在队内成立党支部，以李福林为书记。并宣布执行杨靖宇领导下的磐石人民革命军的斗争纲领，自觉遵守党的斗争策略、方针，注意发动和依靠群众，灵活运用游击战术，进而使这支重新创建的反日队伍在与日伪反动势力斗争中迅速发展。

为了动员群众抗日，发展壮大游击队，赵尚志率领队伍，先后摧毁了西五甲伪警察所，领导当地群众缴了汉奸恶霸袁德胜大排队的械；收缴了苇塘沟、二道河子、东五甲、板子房、张家湾等地的伪警署（所）和反动大排队的枪；召开群众大会清算了罪大恶极的亲日走狗王福山。接着，又在罗家店击溃了100多名日伪军的进攻，在火烧沟击毙了日军"讨伐"大队长以下20多人，指挥了自珠河反日游击队成立以来首次与日伪军正规部队的战斗。

年底，游击队依靠人民群众的帮助，解除了宾县七

抗联使用的武器

区保卫团长刘林祥的武装，得机枪1挺，长短枪13支，马13匹，子弹数千发。此后，开辟了珠河道北游击区根据地；率部由道南转向道北开展活动；收缴了宋家店大排等反动武装；率部袭击日伪军驻地十三堡；开展游击，连缴老虎窝、新开道、古扎子三处伪警察分驻所；攻占敌据点秋皮屯，收缴反动大排武装；率反日联合军攻占日伪当局设在道北地区重要据点黑龙宫。

游击队在党的领导下，不畏艰险，英勇战斗，不到3个月时间就发展到70余人。游击队初创旗开得胜，鼓舞了士气，教育了群众。异军突起，发展迅速，成为东北抗日游击战争中的一支劲旅，被日本侵略军称之为"北满治安的最大祸患。"

赵尚志相信，每个人中国人都有民族良心，所以，

尚志公园中的雕塑

许多次打仗，只要对方是中国人，他就手里拿着一根小木棍，骑在马上喊话。有士兵说，"别喊话了，枪子儿可不听你的呀！"赵尚志说，枪子儿能打着几个敌人，我一喊"中国人不打中国人"，就很可能跑过来一大群。

为了贯彻党的抗日统一战线政策，1934年春，赵尚志在"不投降，不卖国，反日到底；没收敌伪财产充当抗日经费；保护群众利益，武装群众共同抗日，允许群众反日自由"的三个条件下，联合了20余支义勇军、山林队在秋皮屯成立了东北反日联合军司令部，赵尚志被推选为总司令。从此，许多小股反日义勇军部队纷纷前来加入联合军。有的队伍要求直接加入赵尚志领导的游击队。抗日队伍迅速壮大，声威大震。

凭借无与伦比的军事才能，赵尚志打了不少胜仗。为了聚拢人心，他经常把缴来的枪弹物资分发给各种抗日队伍，同时帮助一些有发展前途的队伍打仗以壮大他们的力量。

1934年5月，他率领抗日游击队和联合军500多人攻打哈东重镇宾县县城。这次攻城是在木制大炮火力掩护下，攻进城里的。队伍进城后同敌人展开了激烈的战斗。从此，赵尚志"木炮打宾州，威震敌胆"的佳话就传开了。在这次战斗中，游击队还用步枪击落敌机1架，并缴获了大量的枪支弹药。经过此战，极大地震慑了敌人，

扩大了党领导的游击队的影响。同时发展和扩大了自己的武装力量，开拓了新的斗争局面。

日伪当局为加强对珠河地区反日游击运动的防范与镇压，派驻大批日伪军前来"讨伐"，妄图消灭赵尚志及所率队伍。敌人的防范与镇压并不能阻挡珠河地区广大人民群众反日情绪及斗争的进一步高涨。赵尚志领导的珠河反日游击队在对敌斗争中已成为各反日武装队伍中最坚强和最有战斗力的队伍，在同反日义勇军数次联合作战中及在共同组织的反日联合军中，已充分显示出了它的领导和骨干作用。

密林中的东北抗日联军战士

　　1934年6月，根据中共满洲省委指示精神，为进一步扩大反日统一战线，巩固反日联合军，扩大抗日武装，赵尚志收编了一部分义勇军，把珠河反日游击队改编为东北反日游击队哈东支队，他任司令。全队450余人，下辖3个总队。

　　哈东支队的成立是珠河地区反日武装斗争的新发展，它较之春季时与各义勇军共同成立的反日联合军又进了一步。因为它不是简单的作战协定的联合，也不是组织上的松散联合，而是通过改编的形式所建立起来的统一领导与指挥的一支武装部队。哈东支队成立后，部队分3路以珠河县为中心，在中东铁路南北广泛开展游击活动，不断地扩大抗日游击区域，沉重地打击了敌人。1934年7—8月间，哈东支队破坏北满铁路东部线，使敌人交通运输受到严重破坏。

　　在哈东支队的日子里，赵尚志平时的作风就像一个老农。游击队大都活动在山上，每到宿营地，他常爱蹲灶坑，蹲下来就蹭脖子，把脖子蹭得油黑锃亮。战士们和他开玩笑说"司令，你怎么不把脖子洗洗？"他风趣地说："革命不成功，我是不洗的，有了这玩意儿护着，还能挡风耐寒呢！"

　　赵尚志的穿戴总离不了那件花绺条条的羊皮袄。冬天穿的乌拉，是战士不爱穿的，他捡来套在脚上，连乌

战斗中的抗联战士（油画）

拉草都包不住，绑腿也几乎是全队最差的。行军时，他总是大步流星地走在掌旗官的前面。最有趣的是他鞋里垫的乌拉草，不等到目的地，就都叫马给吃了。他依然昂首阔步，乐呵呵地走在队伍的前面。

珠河的星星火种在哈东燃成了燎原之势。敌人惶恐不安，采用毒辣手段，一方面派遣特务混入抗日队伍内部，暗杀游击队领袖，策动少数不坚定分子反叛；另一方面在哈尔滨逮捕了赵尚志的父亲，并伪造了"规劝"信诱骗赵尚志投降，阴谋瓦解抗日队伍。赵尚志根据父子两人事先的约定，找到了其父在信中巧妙写入的"乱命"二字。赵尚志冷静地分析了形势，大义凛然地向同志们表态："敌人抓我父亲是阴谋，他抓他的，咱们还是抗咱们的日。"他的行动激励了广大抗日战士，稳定了军心。为了彻底粉碎敌人诱降的阴谋，赵尚志决定以更坚决的行动坚定广大战士的抗日决心和信心。为此，他指示候林乡自卫队联合地方武术队，在群众的支持下，击溃破坏根据地的叛军"黄炮"部，并逮捕了汉奸特务，召开群众大会审判处决，从而制止了投降逆流。为了狠狠地惩罚敌人，赵尚志又组织联合军主动出击，破坏敌人的交通线，仅8月份1个月，就在滨绥线上袭击车站91次，翻车16次，毙敌46人，伤敌102人，使敌人的直接损失达130万元。其中，最著名的是蜜蜂袭击战。一天黄昏，雷雨刚过，赵尚志亲自率领队伍来到九站至蜜蜂

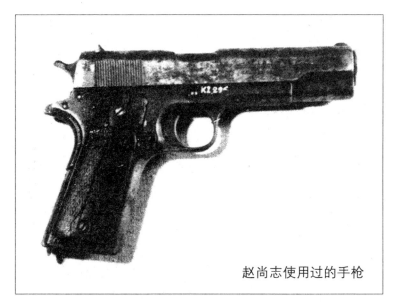

赵尚志使用过的手枪

间的一个地点，迅速拆掉两条铁轨埋伏了起来。不久，敌人一列从哈尔滨到牡丹江的军用列车开到这里，在一阵哐哐啷啷的响声中离轨翻车。他带领游击队冲上铁路，干净利落地消灭了随车的全部日军，车上的大量军用物资被我缴获。游击队频繁袭击铁路线使敌寇惊恐不安，不得不哀叹："满洲交通变为地狱。"

同年中秋节前夕，赵尚志又组织了攻打五常堡的联合作战。五常堡是哈南重镇，四面围着土墙，并设有炮楼，驻扎着500多名日伪军。赵尚志的部署是：以游击队为主力的联合军600多人攻城，地方青年义勇军在哈尔滨至五常堡的公路上阻击打援。那天，我游击队首先从北门攻入城内，占领了3个炮台，与敌人展开巷战，激战4个小时，日军守备不支，乘夜仓皇逃跑。游击队缴获了90余支步枪和大批子弹，以及布匹、胶鞋、面粉等物资，在城里散发了传单，处置了恶霸汉奸，然后迅速转移，安全渡过牤牛河。此时敌援军赶到，但却未敢追击。我军遂乘胜前进，顺利地攻下了八家子、康家炉、梨树沟、方城岗等地，取得了巨大胜利。这次战斗解决了我军冬装和大量粮食物资的急需，打击了敌人嚣张气焰，扩大了我军的影响。

深入哈东 开辟抗日游击区

　　在游击队连续取得军事胜利的基础上，根据中央的指示和中央苏区建立革命根据地的经验，中共满洲省委及时向各个反日活动区域的党组织和游击队提出了建立临时革命政权和创建游击根据地的任务。

　　哈东根据地的创建正是根据中央和满洲省委指示精神进行的。在珠河县委的领导下，赵尚志学习了中央苏

记述抗联事迹的史料

区的经验，首先在珠河县铁道南北建立了游击根据地。铁道南的三股流是哈东支队司令部所在地，在那里建立了各种群众组织，进行反日工作，还设有兵工厂、被服厂、医院、印刷厂等等。原来的穷山沟完全变了样，呈现出根据地军民团结抗日、发展生产的一派令人振奋的革命景象。游击队每次打了胜仗，都要召开几百人、上千人的群众大会进行庆祝。每遇到这种场合，赵尚志就用浅显易懂的语言向群众讲解抗日救国的道理，鼓舞大家的胜利信心。在赵尚志身教言传的影响下，游击的干部、战士都注意做群众工作。他们一到驻地就跟群众一起下地，边劳动边宣传，并严格遵守群众纪律，真正做到了秋毫无犯。群众把游击队看作是自己的子弟兵，主动为游击队烧水做饭，缝洗衣衫。青年义勇军和儿童团员，还替游击队站岗放哨，传递情报，真是军民亲如一家。赵尚志在生活上坚持与群众同甘共苦，吃、穿、用和战士完全一样，毫不特殊。一有空闲，他就和战士们一起，帮助群众劈柴、推磨，深受群众称赞和爱戴。

在珠河县委和赵尚志的领导下，在短短一年多的时间里，哈东根据地就扩大到包括珠河、宾县、延寿、方正、阿城、五常、双城等县的东西200多里，南北350多里的大片山区，人口有十多万。随着根据地的扩大，党组织和反日会、儿童团、妇女会等群众组织也迅速扩大

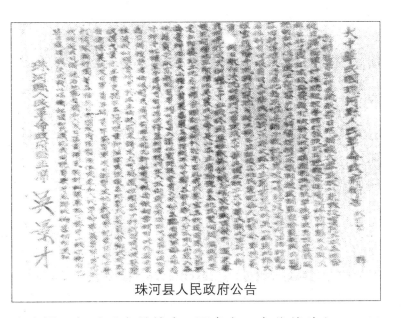

珠河县人民政府公告

和发展，仅反日会员就有 1 万多人。在此基础上，1934
年 7 月成立了珠河县农民委员会，下辖 30 多个分会。农
民委员会是根据地人民当家作主、团结各阶级各阶层的
抗日政权，担负着领导生产、拥军支前、组织武装、侦
察敌情、锄奸、交通等重要任务。它一成立，珠河地区
的民众抗日武装力量又有了新的发展：自卫队员达到
5000 余人，其中青年义勇军和模范队员就达到 1000 多
人。这些半脱产的武装队伍，不仅配合哈东支队在保卫
根据地的斗争中发挥了重要作用，而且为游击队输送了
大量的经过训练的战士，成为游击队的可靠的后备力量。

赵尚志在哈东建立的根据地被日寇惊呼为"共产王
国"，他又一再以游击战术挫败敌"讨伐"。敌人对赵尚

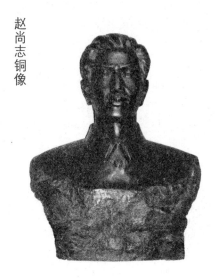

赵尚志铜像

志领导下的这块"共产王国"极端仇视，决心要将其"彻底摧毁"。1934年11月，敌人以驻哈尔滨日军守备队为主力，调动伪第四军管区所属的褚旅、邓团、王团以及警察大队等3000多人，包围了哈东游击区，并切断交通要道，实行分片进攻，妄图把我游击队"各个击破"在根据地里。为粉碎"围剿"，赵尚志率领骑兵部队越过威虎岭北上，经过延寿向方正地区活动，从敌人后面打破敌人"围剿"。

为了粉碎敌人的进攻，赵尚志采取灵活机动的战术，把游击队的一部分部署在游击区各处，袭扰来犯之敌，使敌人到处扑空，疲于奔命；他自己亲率另一部骑兵主力，越过威虎岭北上，到方正、延寿一带扰乱敌人，威胁其背后，并进行休整。等到进攻根据地的敌人筋疲力尽、进退两难时，他又率领经过休整的骑兵主力，迅速返回根据地，狠狠打击敌人。就在赵尚志率队返回道南游击根据地的途中，行至肖田附近，突然与日军望月部队200多人和伪军邓团的300多人相遇，双方展开了一场激烈的遭遇战。迎面的敌人不仅有很强的火力，而且占据有利地势，我军处于不利境地。但战斗一开始即发现敌军动作迟缓，暴露其疲惫不堪的窘态。而我军经过休整，士气正旺，在赵尚志指挥下，一连打退了敌人的几次冲锋。敌人见硬攻不行，便倚仗其人多，改取包围阵势。在远距离火力交锋中，赵尚志左肩受伤，但仍坚持指挥作战。日落之后，敌人的包围圈逐渐缩小，情况危急。赵尚志表现得异常镇定，他忍着伤痛，命令数名勇士带着30多匹战马，在暮色苍茫之中，从日军和伪军衔接部的薄弱地段强行突围，主力仍在原阵地隐蔽不动。当那几名勇士带着战马冲过敌营时，敌人以为我军全部突围，便集中火力向结合部猛烈射击，并发动追击。就

在大批敌人脱离阵地追击我突围马群时，赵尚志指挥主力从敌背后发起猛攻。敌人被打得蒙头转向，立时大乱，我军乘机突出了包围圈，安全转移。这次战斗共歼灭日伪军110多人。日军司令望月看到我军转败为胜、秩序井然地突围转移的情景，不禁惊呼：此战"必有名将指挥！"肖田战斗之后，敌人调来大部队追击我军。赵尚志迅速把队伍化整为零，与敌周旋。直到12月底，日伪军仍对赵尚志领导的哈东支队毫无办法，只好将讨伐部队全部撤回。

在创建抗日游击根据地的斗争中，赵尚志坚定地依靠党的领导，经常向珠河县委汇报工作。12月24日，赵尚志写了《东北反日游击队哈东支队给省委的报告》，向党组织报告游击队战略战术。县委也非常了解他，曾多次向省委提出恢复赵尚志同志党籍的请求。1935年1月12日，中共满洲省委作出"恢复赵尚志党籍的决议"。决

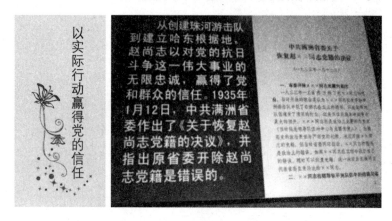

1935年8月，东北抗日同盟军第四军在方正县成立地方人民自卫队并召开纪念大会。

议指出："开除赵尚志党籍"，是由于当时"省委执行'左倾'机会主义路线的结果，是错误的"，在充分肯定"赵尚志在民族革命战争中能继续艰苦工作，与日本帝国主义斗争，具有坚决勇敢精神，一年来创建和发展了珠河游击队，开辟了很大的游击区"等卓越成就的基础上，"决定正式恢复赵尚志党籍"。

1935年，珠河根据地遭敌"讨伐"受严重破坏，赵尚志率部北征会合第四军李延禄等部，在背靠小兴安岭的松花江下游建立根据地，被推为北满抗日联军总司令，聚起队伍2万人，活动范围达30余个县。

率部出击　鏖战松江两岸

　　1935年1月，遵照中央满洲省委的指示，哈东支队改编成东北人民革命军第三军。赵尚志任军长，冯仲云任政治部主任。军以下先成立第一师，赵尚志兼师长，下辖3个团。

　　不久，敌人开始了春季大"讨伐"。赵尚志把第三军各团部署在游击区各地，用灵活机动的战术，互相配合，消灭入侵之敌。同时，他率领司令部直属的少年连跃出敌人"讨伐"圈，声东击西，打击敌人。他利用敌人"讨伐"到处乱窜、缺乏相互联系的弱点，把游击队化装成伪军"讨伐"队，大摇大摆地进入敌人据点四道河子，派传令兵通知当地大排队头目说："国兵'讨伐'队与赵尚志作战失利，正在向村子里撤退，快出来迎接！"大排队的头目包队长真以为是"国兵"来了，率大排队到场院列队迎接。赵尚志率队来到场院，给大排队"训话"。

朝阳赵尚志烈士纪念馆

他声色俱厉地说："赵尚志已经打到村里了，你们在那儿干什么？都是混蛋！"遂下令缴了四道河子大排队的械。接着又缴了三道街、包家岗等大排队武装，共得枪100多支。随后，赵尚志率队进入延寿县境内缴了花拉子大排队的枪，还焚烧了乌拉草沟和姜家崴子的警察所。

这时，在土龙山农民暴动中起家的东北民众军司令谢文东和自卫军支队长李华堂，在依兰、勃利地区遭到敌人"讨伐"，受到严重损失之后，转到延寿、方正地区活动。谢、李派人邀请赵尚志去帮助改编他们的队伍。赵尚志为了联合他们抗日，前往方正县大罗勒密，与谢、李等人会晤。经过协商，决定仍以一年前联合各反日部队时提出的三个条件为基础，以第三军为核心，联合谢文东、李华堂、祁明山的队伍，成立东北反日联合军总指挥部。赵尚志被推举为联合军总指挥。3月9日，赵尚志指挥联合军500多人攻打方正县城。城内有日伪军200多人。我军夜间完成包围，凌晨分四路发起总攻。第三军少年连首先突破敌人坚守的东门，攻进警察署，将其武装全部缴械，还烧毁了日本参事官住宅。之后，由于日军退入设有工事的大院，倚仗高墙、炮台进行顽抗，我军没有爆破装置，久攻不克，伪军屠旅又前来救援，遂主动撤出了县城。攻打方正一战，吓得敌人撤回了"讨伐"队去守卫城镇，春季"讨伐"宣告破产。

1935年3月25日，发布了《东北人民革命军第三军司令部 东北反日联合军总指挥部 布告》。同年5月，

赵尚志用过的手枪

战斗中的抗联战士（油画）

赵尚志根据满洲省委关于"红五月"工作的部署精神，率领第三军司令部和第一团以及部分联合军队伍，东征到牡丹江沿岸开辟新区，并准备打通与汤原游击队的联系，以便组织松花江两岸整个北满地区的联合作战。随后，赵尚志率部东进牡丹江沿岸开展游击活动，攻袭苇沙河、攻击苇沙河西部朱家营站、攻占下江地区咽喉要塞大罗勒密街。东征途中，联合军攻克了半截街、新开道，收缴了老五田、楼山等警察局（所）的武器。敌人发现我军东进，立即派兵进行围追堵截。赵尚志利用山

区有利地势，依靠当地人民的支持，攻占延寿夹信子南十余里的半截街；率部突进新开道，逮捕当地汉奸，召集群众大会，处决汉奸；攻打延寿老五团局所；在崔金沟附近痛击延寿伪警察队；攻克日军重要据点楼山镇；在龙爪沟附近击溃日本近藤公司雇用的白俄森林铁路守备队，连续与守护森林铁路的日本近藤公司白俄雇用兵交战，使敌损失惨重，狠狠地打击了跟踪我军的白俄森林警察队；摧毁了掠夺我森林资源的近滕林业公司和森林铁路车站；攻占三道河子满天星据点；又率反日联合军攻进日本侵略者掠夺森林资源的重要据点三道通，击溃伪军赫团；率反日联合军在三道河子满天星与伪军激战，予敌以痛击。

东征队伍节节胜利，震动了依兰、勃利地区的敌人，鼓舞了当地人民群众。但是，由于敌人对牡丹江沿岸地区控制严密，大部队不宜久留，赵尚志遂决定，留第一

团在那里开展群众工作，司令部带部分队伍返回珠河。

"讨伐"和反"讨伐"，是东北抗日游击战争中敌我斗争的主要形式。敌人在关东军参谋长统一指挥下，从1933年起两年间就进行3次"全满大讨伐"和十多次地区性"讨伐"。但是，这些"讨伐"都在我抗日武装的沉重打击下遭到失败。敌人也不得不承认："尽管讨伐在人力、物力上牺牲很大，但没有取得应有效果。"而赵尚志领导的东北人民革命军第三军，却在反"讨伐"的斗争中不断壮大，哈东游击根据地也随之越来越扩大。

哈东反日游击战争的蓬勃发展，直接威胁着日伪在北满的统治中心——哈尔滨。1935年夏，敌人调动了驻哈日军和滨绥铁路沿线日军守备队3000多人，以及第四军管区新属伪军和警察大队，向我哈东游击区大举进攻，放火焚烧根据地的房屋，强迫群众移居到戒备森严的大屯里。敌人烧完道南又开始扫荡道北根据地。到处是一片血海烟云。在这生死存亡的紧要关头，赵尚志在请示了上级党委的情况下，决定避开优势敌人，率主力北上，支援汤原游击队，巩固该地区根据地，进一步联合其他义勇军、山林队，开展松花江北岸广大地区的游击战争。随后，赵尚志即率第三军主力同李延禄一起北上，与汤原游击总队汇合，帮助他们改编为东北人民革命军第六军。汤原地区人民武装力量的加强，对巩固汤原根据地

起到了重要的作用。

在文化水平普遍很低的东北山林民众中，赵尚志算得上难得的知识分子，他转移到汤原后还模仿黄埔军校建立了军政学校并自任校长，举办了三期，为抗联培养出了不少干部。

到1936年，赵尚志一手创建的东北抗日联军第三军已发展到10个师，共计6000余人。粉碎了日军及伪军的数次大讨伐，赵尚志亲自率领军队远征黑嫩平原，半年多的远征中打了大小百余战，杀死杀伤敌人8000多人。

学校と軍隊を整備 文武兼備

赵尚志不仅善于带兵打仗，而且，他还以政治家的远见卓识，在军队中加强党的领导和思想政治工作，创办政治军事学校和电信学校，培养优秀的军队人才。他文武双全，多才多艺，是东北抗联中的军中儒将。

威震北满 病歼日寇

赵尚志在东北抗日战场上，以英勇善战、屡胜日寇而闻名。当时，无论日军还是伪军，只要一听到赵尚志的名字，就吓得失魂落魄。

1936 年 1 月，赵尚志参加了在汤原召开的东北民众反日联军军政扩大会

东北抗日联军报纸上刊登的抗战宣传画

东北抗日联军战士的单、皮帽

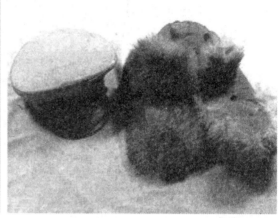

议，贯彻"八一宣言"精神。北满各抗日武装三军、四军、汤原反日游击队（六军）、民众军（八军前身）、自卫军（九军前身）、"双龙"队（十军前身）、明山队（十一军前身）领导人参加会议，成立了东北民众反日联军总司令部，赵尚志被推举为总司令，同时成立东北民众反日联军临时政府。2月，汤原反日游击队在赵尚志的帮助下，正式扩编为东北人民革命军第六军。此后，赵尚志部署部队，在小兴安岭建立后方军事基地和开辟汤原抗日根据地。

汤原根据地得到巩固之后，为了进一步扩大江北游击区，1936年春，赵尚志率第三军司令部直属队和五、六两团，开始向木兰、东兴（今属木兰）、庆城（今庆安）、铁力、海伦等地区远征。4月初，远征部队首先攻打了日伪军的重要军事据点舒乐镇，打响了西征第一仗。

舒乐镇北通汤原，南达依兰，西接通河，地处交通要道。镇里驻有日军守备队一小队，还有伪军和警察200多人。赵尚志详细侦察敌情之后，组织了70人的手枪队，化装成伐木工人潜入镇内，封锁了守备队、伪军、警察队驻地。中午12点，里应外合发起进攻，歼灭全部守敌，俘虏日伪军80多人，缴枪300多支，拔掉了敌人的这个重要据点。

在1936年4月的一天傍晚，战士们突然接到赵尚志的命令："部队迅速到大屯集合！"当时，部队活动在汤原县城西北部地区，即鸡心沟、长嘴子、慕良屯、大屯等地。部队到达大屯时，赵尚志早已立马村头广场等待着战士们。他身材不高，却总是那样挺拔，走起路来飞快，办事干净利落，显得精力非常充沛。尤其是他那一双炯炯有神的大眼睛，给人一种端庄严肃、充满热情和饱含智慧的感觉。待各路部队全部到达后，他说："同志们，今夜行军的目标是舒乐镇。我们必须在明日拂晓前拿下镇子。镇里住着敌一个伪中队，还有两个日本教官，我们要把那两个日本人抓住。好，出发！"有了新的战斗任务，战士们心情非常振奋。在行军途中，赵尚志不时地深入各个部队，边走边向各部队领导人详细地部署了战斗任务。

部队到达目的地，正当子时，借着月光，隐隐约约

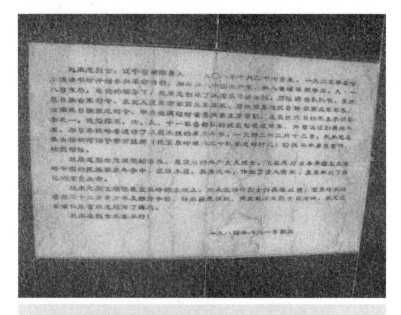

赵尚志烈士纪念碑的碑文，介绍了赵尚志的生平

可见镇子的轮廓。舒乐镇的深夜一片沉寂，只听到偶尔有犬吠声由镇内传来。停了片刻，指挥员便下令："进攻开始！"战士们听到命令，立即跑步接敌。正当队伍越过城河，开始爬城墙时，把守城门的哨兵才发现了，慌忙地向战士们开枪射击。对敌哨的射击，部队根本不理睬，大家更加快了步伐，向城门猛扑过去。敌人哨兵见战士们来势很猛无法阻挡，吓得连忙把枪丢在地上，跪下举起双手。战士们冲进敌人哨所时，有的敌兵还没来得及穿上衣服就被战士们的枪口顶住了。伪军们都跪在炕上，战战兢兢地请求饶命。就这样，赵尚志一枪没放，就解

决了守城门的全部伪军。

占据了城门哨所后，赵尚志又命令："各部队到街中央集合，准备打土围子！"当部队迅速地来到敌军驻守的土围子南面时，天已经亮了。这个土围子，东西长大约120米，南北宽大约有80米，四个角都有炮楼，墙高难上。大部分伪军都蹲在炮楼里，猛烈地朝外射击，部队就是冲到墙下，也很难翻越围墙。大家都焦急地等待命令。只见赵尚志长沿着土围子转了一圈，回来后便命令部队去寻找干草之类的可燃物和长杆子。他说："这里街道不宽，我们的部队可隐蔽到炮楼前的买卖店家里，用

赵尚志烈士纪念碑

长杆子把可燃物送到炮楼周围,点燃后烟火可以遮住敌人视线。再找一根大圆木,用绳子绑上,留出八个绳头来,选八名力气大的同志提起来,一起向大门悠过去,用圆木把大门撞开。大家分头准备吧,准备完毕,先练一练,最后听我的命令。清楚了吧!"大家接受了命令,便分头去做准备。不多工夫,就弄来了谷草、豆秸、苞米秸、高粱秸等可燃物,用十几根长杆子把这些东西都送到了敌人炮楼四周。

各自准备就绪,赵尚志又亲自看了撞门的练习,尔后下令:"开始!"他的余音未消,十几个点燃的草捆,被用长杆子送向炮楼四周的柴草堆。霎时,烈火熊熊,浓烟笼罩,一下封住了敌人两个炮楼,就听炮楼里的敌人被呛得咳嗽声连续不断。"上!"赵尚志一声令下,八位身强力壮的同志提着圆木,用最快的速度冲向大门,只撞击两下,两道门闩便被撞断了。这时,只见赵尚志用手向大门方向一挥,顷刻间,"冲啊!""缴枪不杀!"喊杀声响彻了全镇。

土围子里的伪军大都乖乖地放下枪,跪在地上请求饶命。对老实的俘虏,我们是一向宽大的。有的伪军说:"我可没放过枪,不信,可以验我的枪。"还有的说:"我放枪全是朝高处打的","我们打仗都是被当官的逼着干的。"

可是，伪军队长和后边两个炮楼的敌人还是不停地向战士们射击，负隅顽抗。赵尚志见此情景便大声喊道："给他们两个手榴弹尝尝！"伪军队长听说要用手榴弹，吓得到处乱钻，结结巴巴地喊："我们缴……缴枪，我们投降。"这样，敌炮楼就全部被我们占领。

占领炮楼后，部队又在铁匠铺几位老师傅的帮助下，打开了日本银行的保险柜，没收了所有的伪国币、金子、银子和大烟。然后，用这些钱买了镇上所有的布匹，足足装了二十多车，凯旋。

部队撤离舒乐镇到十里河一带驻扎。周围几十里的人民群众都前来慰问部队。有的赶着猪，有的用大车拉着大米、白面、小鸡等。大家都为取得的胜利而高兴。朝鲜族的男女跳起了朝鲜舞，汉族的男女扭起了大秧歌，驻地一片欢腾。随后，许多青年和中年人，纷纷报名要求参军。

部队要做单军服。妇救会的女同志们都踊跃参加赶制军服的工作；农救会的同志们到山里搞黄菠萝树皮，煮出黄水染军服，几天的时间，部队便脱下了笨重的棉袄，换上单军装。当战士们穿上崭新的单军服时，真是说不出的高兴，从心里感谢人民群众对我们的大力支持。

5月，部队开始沿松花江北山麓而进。途中，战士们常常看到赵尚志稳骑一匹大黄马，出入在队伍前后。有

时，他会突然用手轻触一下某个战士的脊背，尔后放马就跑；有时，他还和战士们一起行军，亲切地谈笑。在长长的行军路上，撒遍了他的朗朗笑声。

部队在通河县洼大张地区驻扎下来，驻地是三个大地主的土围子。有一天，部队正在吃饭，房上的哨兵报告：从通河县城方向来了5辆汽车。赵尚志听到报告，眉飞色舞，他说："好！是日本鬼子来了！伪军可是没有资格坐车的。同志们，准备战斗！咱们'请'他们进来，然后用抬杆子枪揍！进入战位！"

部队进入阵地后，只见2辆满载日本兵的汽车渐渐驶近，驾驶楼上还架着一挺歪把子机枪，气势汹汹，嚣张地一直开到土围子门前广场才停下。日本兵没下车，好像等什么。突然，赵尚志大呼一声："打！"他的话音刚落，四挺抬杆子枪（一种大型沙枪，大的一次可装一斤火药，再装上铁沙子，打出去就是一大片）和战士们手中的步枪，便一起向车上的日本兵开火，打得他们鬼哭狼嚎，哇啦哇啦乱叫，掉转车头就逃，一直逃到前边一个地主土围子里。这时，又出现了3辆汽车，他们的5辆汽车汇合了。

大约过了一个小时光景，日本鬼子整队从土围子走出来，向我方进攻。在距我军三百米左右时，敌队形开始以班单位变成班纵队单位，班与班相隔十几米。每个日本兵的枪都着上刺刀，在阳光照射下，刺刀闪闪发光，一边走还一边哇啦哇啦地吼叫着，在十几挺机枪和掷弹筒的掩护下，像一群穷凶极恶的豺狼，向战士们猛扑过来。

赵尚志此时泰然自若，沉着冷静，任凭敌人步步迫近，也不做任何反应。直到敌人距我军只有一百多米的时候——也是我军的抬杆子枪威力最大的时候，只听他一声令下："打！"四挺抬杆子枪便一起向日本鬼子猛轰。在部队的英勇反击下，日军有成班倒下的，也有倒下几个的，但是队形没变，没倒下的继续向战士们扑来。面对这群残暴的侵略者，赵尚志高声喊道："同志们，考验我们的时候到了！日本鬼子没有什么了不起的，我们一定要把他们打退！我们子弹少，要尽量放近打，狠狠地

打！让他们知道，我们中华民族是不好欺负的！"赵尚志的话，激起了战士们对祖国强烈的爱和对侵略者无比的恨。

这时，日军已经到了土墙下。他们搭起人梯往墙头上爬。打下一个，敌人马上又补上一个，不停地往上爬。有的日本指挥官拼命用战刀砍大门，眼看墙门就要被攻开。正在这危急时刻，我们的四挺抬杆子枪又响了，顷刻间把鬼子打死打伤一大片。日军方面一看大势已去，只好停止进攻，渐渐后退了，开始进攻时的嚣张气焰全然不见了。

赵尚志从射击口观察到这种情况，立即跑向大门，用力把门闩打开，只见他振臂一挥，高声喊道："同志们，冲啊！"在他的指挥下，我军杀声四起，奋勇冲向日寇，冲杀声撼天动地。在拼杀中，我们的红缨枪和大砍刀也大显了威风，个个枪头见血、白刃现红，战士们边杀边抢枪和子弹，一直把日寇追杀出一里多路。第一个回合胜利结束了。

战士们高兴地整理着战利品。一个战士缴获了一挺歪把子机枪，可乐坏了，正乐呵呵地欣赏着，就听赵尚志说："你来一下。"战士知道，准是军长要看枪，便背着机枪来到他面前，行了个军礼说："到。"赵尚志接过枪仔细看了看说："好枪！"然后还给了那个战士。

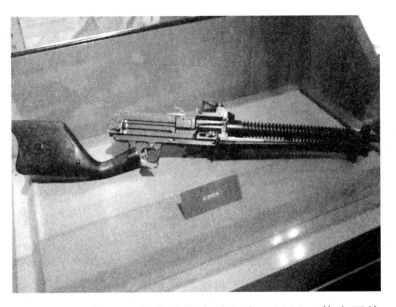

　　正当大家沉浸在胜利的欢乐之中，远远又传来了战马的嘶鸣。房上的哨兵报告：敌人来了，有一百多骑兵。赵尚志看了一下怀表，分析道："现在离天黑还有两个多小时，我们必须等到天黑才能离开这里。鬼子的援兵又来了，很可能要报复。但我们一定要坚持到天黑，坚持到天黑就是胜利。好，大家先休息一下，听我的命令。"经过了一场激战，大家都很疲乏，战士们坐下就睡着了。可是，赵尚志连眼都没合一下，马上爬上房顶，亲自观察敌情。

　　"轰！"一声炮响，把战士们震醒了。只见赵尚志从房上走下来说："鬼子又调来了炮兵。打完炮，可能会再次进攻的。大家进入战位，准备战斗！"果然不出赵尚志

朝阳赵尚志纪念馆藏品

所料。鬼子朝我军打了一百多发炮弹后（只有七发落在我们的土围子里），就看见远处鬼子和伪军整队向我军开来。大约距我军三百米处，敌人开始散开，分成两个梯队前进。第一梯队由伪军组成，第二梯队由日军组成。在迫击炮和掷弹筒掩护下，向我军发起进攻。这次日军改变了以班为单位的队形，也不那么嚣张了。他们采取低姿跃进，而且指挥官的位置都靠后了。

　　赵尚志的命令下来了，要战士们集中力量打击第二梯队。于是，部队便以全部火力猛击日军。这样来，第一梯队的伪军是进退两难，前进不得，后退又有日军督战，要遭到枪杀。赵尚志见日军指挥官在后面左右挥动指挥刀，便对一个战士说："你把那个指挥官干掉，一定要打死！"战士顺着赵尚志手指的方向把枪伸出去，瞄准了日军指挥官，一个点射，那个指挥官便应声倒在血泊中了。赵尚志拍手称赞："好！"接着，又命令两侧部队出击，夹击敌人。日军失去了指挥，便停止进攻。一个个卧在地上胡乱射击，不知所措。赵尚志抓住这个时机，大喊一声："打开门！冲出去！"顿时，喊杀声连成一片，日伪军见此情景，拼命往回逃跑。部队便乘胜追击，一直追到敌方土围子墙外才停止。

　　这次交锋，缴获了敌人大量的武器弹药。天黑后，部队便撤离了战场。伤员也被送到后方的白石砬子。

赵尚志纪念馆门厅的巨大浮雕

　　　　　　　　　　　　　　　　　　　　　　　　　　　　　　　　　　转战白山黑水的抗日英雄赵尚志
ZHUANZHAN BAISHAN HEISHUI DE KANGRI YINGXIONG ZHAO SHANGZHI

这一战，抗联部队是用最差的武器战胜了装备精良的日寇。在政治上，有力地回击了"亡国论"的种种论调：什么日本人武器好、训练好、国家富、有武士道精神；什么中国处处不如日本，打起来必然亡国，等等。这一战，给部队和群众增强了抗日必胜的信心，显示了中华民族不容欺侮的英雄气概。

1936年4月，赵尚志在伊春河谷创建了东北抗日联军政治军事学校，兼任校长。他签署发表了《东北抗日联军政治军事学校临时简章(草案）》，主持制定了《东北抗日联军政治军事学校各种纪律详则草案》，亲自主持制定了《军事教育纲领》。8月，以三军司令部名义发出《给三军六师政治部主任及全体同志指示信》，对抗日统一战线问题作出指示。8月1日，东北人民革命军第三军改编为东北抗日联军第三军，赵尚志任军长并签署了《东北人民革命军第三军改编为抗日联军第三军通告》。12月，为加强部队正规化建设，赵尚志主持制定了《官兵等级制（草案）》。

赵尚志率队继续西进，到达八浪河谷，又歼灭了伪军一个连和一个察队，击毙了日参事官以下一批日伪军。1936年初夏，远征部队顺利到达了木兰县蒙古山一带，远征部队袭击了松花江岸边敌据点竹廉镇。5月，远征部队在通河县"洼大张"与敌激战，歼灭日伪军100多人、

赵尚志纪念馆

经通河进至木兰县境，破坏了敌人新归并的"集团部落"、袭击了木兰县太平河屯"集团部落"并破坏附近的通讯线路和桥梁、袭击了东兴西河镇伪警察与自卫团武装。6月，联合义勇军袭击了大河沿伪警察署、收缴了木兰县城北钱家店伪自卫团武装、攻袭木兰县太平桥"集团部落"、解除自卫团武装。7月，率队摧毁木兰镇伪警察署、指挥远征部队在木兰县三千吊屯与日军涩谷部队小谷队交战。

赵尚志率部缴了一些保甲警察和大排队的武装，并收编了在这一地区活动的40多支义勇军小部队，在松花江北岸的广大地区点燃了抗日烈火，与江南活动的第三军第二、三团遥相呼应。江北敌人对此大为惊恐，慌忙

东北抗日联军第三军军旗

从哈尔滨和佳木斯调动重兵集结于滨北线一带，妄图消灭赵尚志的远征队。但是，赵尚志采取机动灵活的战术，避开敌人大的部队，先以小部队四处出击，随后又把部队迅速地带回汤原游击根据地进行休整。

由于赵尚志卓越的指挥才能和细致的组织工作，这一年，第三军在战斗中取得了重大胜利，队伍得到迅速发展，在原有6个团的基础上扩编成7个师，共6000多人，其中基干队伍1500人。

1936年9月18日，巴黎《救国时报》发表署名文章《东北抗日义勇军之发展与现状》，称东三省老百姓认定赵尚志是个真正抗日的民族英雄。

艰苦卓绝　转战黑嫩平原

　　1936年8月1日，根据1935年8月中共中央发表的《八一宣言》提出的联合一切抗日力量建立抗日统一战线精神，赵尚志又将在抗日游击战争中不断发展壮大的东北人民革命军第三军正式改编为东北抗日联军第三军。东北抗联第三军的建立，不仅标志着东北人民革命军又有了新的发展，也表明由中国共产党领导的抗日武装在东北大地正在不断地成长、壮大，党领导的人民抗日军队已在东北抗日游击运动中成为中坚、骨干和核心力量。

　　日本侵略者总结了过去军事"讨伐"失败的教训，提出了所谓"治标、治本相结合"的更加惨无人道的策略。从1936年开始了新的"三年治安肃正计划"。他们在继续军事"讨伐"的同时，强迫推行"集团部落"政策，在根据地大肆烧杀，妄图实现所谓的"匪民分离"，以割断抗联和群众的联系。然后集中兵力把抗联第三军

等聚歼在汤原地区。

为了粉碎敌人的阴谋，北满临时省委决定，赵尚志指挥第三军在跳出敌人包围圈后，以主力部队西征，开辟小兴安岭和黑嫩平原的新游击区，其他部队四处出击，掩护主力行动。1936年9月底，赵尚志派李熙山率领第一师200多人为先遣队，开往铁力，为主力西征准备给养。11月，又调第二、三师过松花江北移，第九师从庆城北进集结到铁力活动。不久，赵尚志率领司令部直属队和第一、五师的一部分混编的500多人的骑兵队，从汤原县岭西出发开始西征，于12月到达铁力与先头部队会师。此时，先头部队在庆城、铁力地区的群众工作，已经打开了局面。赵尚志决定留下一部分部队在这里继续活动，由他率司令部直属队和部分主力继续西征。

抗联骑兵部队

　　自1937年2月远征部队来到海伦境内，敌人便派出大批兵力不断跟踪、追击、堵截，妄图把赵尚志率领的部队消灭在海伦东部山区。远征部队在山里进行连续行军，与敌人进行巧妙周旋。当部队来到通北县境后，为谋求打击敌人，摆脱这种经常被敌人追击、堵截的被动局面，赵尚志决定伺机设伏，与敌人展开一场激战。他的想法得到了部下们的赞同。

　　1937年3月初，正是乍暖还寒的时候。

　　赵尚志率领远征队伍顺着运送木材的山道开进通北东部山里。当年，和煦的春风姗姗来迟，通北山区仍十分寒冷，毫无暖意，冷风不时吹来，山上山下仍然是冰雪覆地。赵尚志率队进山后，便有一股敌人跟踪紧追不舍。战前，赵尚志动员说："现在的情况是前有各县讨伐大队的阻截，后有日寇和伪军的追击。敌人的目的很明显：一个是想把我们消灭，再一个是想把我们赶到大山里饿死、冻死，我们怎么办？我们要把日本鬼子引进山去打一次硬仗，让鬼子吃吃苦头，知道中国人民是不好惹的。大家说好不好？"战士们齐声说："好！"赵尚志把手一挥，命令出发。他走在队伍最前头。当部队来到一个山道狭窄，两侧山坡布满茂密树林的地方时，赵尚志命令部队沿山路再继续前走二三里，然后分左右两路上山，沿山脊再向回折返，埋伏在山上树林丛中，并将马匹牵

到山后隐蔽起来，等待来敌。

大约两个小时后，百余名敌人"讨伐队"顺着山道沿我军在雪地留下的足迹追寻而来，当敌人全部进入埋伏圈后，赵尚志发出战斗命令。顿时枪声大作，子弹雨点般地射向敌群。敌人"讨伐队"被突如其来的进攻打得晕头转向。敌人十分疑惑：从雪地留下的脚印看，抗日军还在向前方走，怎么会在这山上出现所要追寻的抗日部队呢？

敌人趴在道旁拼命抵抗，当气势汹汹的日本兵进至山腰时，又遭到赵尚志部署的第二梯队的攻击，我军居高临下，4挺机枪一齐怒吼，鬼子伪军应声倒地。此战毙伤日伪军30余人。我军仅伤1人。缴获了敌人的一些枪支弹药。

战斗结束后，赵尚志说："敌人决不会甘心，一定还会反扑，前来报复。"他决定部队迅速转移，把敌人引诱到山里，选好地势，再打它一下子。随后，部队行进至"冰趟子"地方。

"冰趟子"是因冬天附近的山泉水流在一山丘下结成一片冰川而得名。当地人称此地为张破帽子店，这里有几家店铺，过往车马在这里歇息。车道北就是泉水凝成的那片冰川和河沟，车道南是一座岗岭起伏的小山，山上长满低矮而稠密的杂木丛，是个打伏击的好战场。

赵尚志指挥"冰趟子"战斗

此处建有四幢伐木工人居住的木营，里面有用煤油桶做成的火炉。在这里，赵尚志召集干部开会，他说："冰趟子这儿地势不错，坚固的四座木营可以固守，沟的两侧是山林，可以设伏；沟口处很狭窄，可以截断敌人退路，又可以打敌人的援兵。"他指着外面那一片平坦的盖着一层白雪的冰川信心十足而又诙谐地说："只要我们能守住阵地，把日本兵引到冰川上，他们就像秃头上的虱子一样，无处藏身。别说他有五十（武士）道精神，就是有六十道、七十道也白搭。"接着，他命令战士们连夜构筑工事，设置埋伏圈，以准备迎击来敌。

3月7日，日军竹内部队守田大尉所率队伍及伪军约700余名，沿山道向我军驻地方向赶来。面对武器装备优良、人数远远多于我军的敌寇，全体抗联战士毫无畏惧，他们在赵尚志的指挥下士气高昂，盼望着马上和鬼子大战一场。赵尚志更是镇定自若、胸有成竹。当敌人进入我军埋伏圈时，一支伪军首先被击退，伪军中队长毙命，其余都连滚带爬地往回逃。接着，约200名日军从远处耀武扬威地扑向我军占据的木营。但敌人在冰川上站不住、走不稳，很快队形就乱了套。这时，我军的6挺机枪猛烈地向敌人射击，不可一世的日军被打得人仰马翻。一些趴在冰上还想拼命还击的日本兵也被迅速打退。

敌人的第一次进攻遭到了失败，但后援部队乘爬犁又至。敌人稍加整顿，又连续组织了第二次、第三次进攻。敌人依仗人多势众，猛烈向我军冲击，战斗愈演愈烈，处于胶着状态。这时，一股敌人占据了我军驻地左侧一座木营。赵尚志见此，命令少年连趁日军立足未稳，要坚决夺回这一阵地。少年连英勇与敌搏斗，木营得失数次，最后终于被英勇的少年连战士夺回。

当晚，战斗仍在继续。战士们在木营墙壁上挖了一排排枪眼，院套的矮墙也成为战士们利用的工事。因山里夜间天气寒冷，枪支冻得打不响，士兵的手指也冻得麻木不能弯曲勾扳机。战士们就换班轮流到木营里烤枪、烤手，然后再去出击。枪声密集，喷出无数条火舌。我军主力依托木营和院套顽强阻击，另以小股部队隐蔽在道北河沟，拦腰射击敌人侧翼。因河沟隔了一大片又冷又滑的冰川，敌人不敢前进，只是集中火力攻打木营。但天空漆黑，无法瞄准，敌军的几次进军皆被打退。后半夜，气温骤降，趴在冰雪中的日本兵被冻得无力还击，枪声渐渐稀落。此时，赵尚志估计到敌人将会在沟口撤退，于是命令加强沟口堵击力量。果然不出所料，敌人开始撤退。我军在沟口处与敌激战一个小时，又出奇制胜地杀伤大批敌人。

战斗结束后，赵尚志命令连夜打扫战场，搜集敌人的武器弹药，然后率队撤退。这次战斗日伪军死伤约300

余人，其中被击毙者200余人，枪伤、冻伤100多人。被击毙者内有日军队长守田大尉、准尉津田庆一、曹长高山五郎、曹长天野松治、伍长三井勇三、通北县警务指导官福田政雄等。同以往历次战斗一样，日伪当局为掩盖事实真相，在报道战况时，谎说抗日军被"击溃"，少报日伪军伤亡人数。但事后群众反映，我军撤退后，敌人赶来不少大板车往回拉死尸。可见死亡者之多。在这次战斗中，我军缴获大批武器弹药及许多敌人运送给养的马爬犁和大量米肉、服装、军毯等物资。此次战斗，第三军仅牺牲7人。

冰趟子战斗是赵尚志指挥抗联第三军远征部队进行的一次较大战斗。此战是在敌我力量相差较为悬殊的情况下进行的。赵尚志以正确的指挥，充分利用天气时令、

地形地物，并激发战士们英勇顽强的战斗精神，把握住了天时、地利、人和三者的统一，采取巧妙的伏击战术，最终战胜了日伪军"讨伐队"。冰趟子战斗是以较小代价换取巨大胜利的一次抗联斗争史上著名战例之一。

冰趟子战斗后，赵尚志决定张光迪率第六师留在海伦一带活动，他率150多人继续向通北（今属北安）前进。他们冒着零下40多度的严寒，在林海雪原里艰苦跋涉。他们爬冰卧雪，忍饥耐寒，粮食断了，吃马肉，马肉吃完了，就吃马皮，甚至一连挨饿几天。特别是年仅十几岁的少年连战士，表现最为勇敢。他们以欢乐的歌声抵御着饥饿和严寒，战胜了一个又一个难以想象的困难。

2月，赵尚志率远征部队从铁力经庆城、绥棱向海伦、通北远征；在海伦东北赵家堡子附近与驻海伦日伪军警交战；在海伦哈拉巴山与日军田岛部队镰贺大尉所率部队交战；指挥部队在龙门伏击日军"讨伐"队，击毙日军竹内部队町田少佐。远征队越过小兴安岭，一直征战到逊克地区。一天，赵尚志与战士们在山上篝火宿营。由于长期行军，过于疲劳，连布置在山口处站岗放哨的6名战士也睡着了。夜半，敌人向我宿营地突然发动袭击。我军指战员被枪声惊醒后，奋不顾身与敌人拼搏冲出重围。4月下旬，赵尚志率部由逊河返回汤原根据地，开始了新的战斗。

从松花江两岸到黑嫩平原，纵横数千里，大小百余战，攻克了20多座城镇，歼敌8000余人。南满杨靖宇，北满赵尚志，东北战场的抗日烈火烧得敌人焦头烂额。毛泽东曾赞扬说："有名的义勇军领袖杨靖宇、赵尚志、李红光等等，他们都是共产党员，他们的坚决抗日，艰苦奋斗的战绩，是人们所共知的"。

顽强斗争　忍辱负重

1937年7月7日，日本帝国主义为了把中国变成它的独占殖民地而制造了"卢沟桥事变"，中国军民从此开始了全国抗战。

"七七事变"后形成全国抗战的新局面，使东北抗日军民的情绪更加高涨。为了配合全国抗战，赵尚志把抗联第三军第一、三、五师部署在松花江右岸依兰东部一带，四师在宝清等地开展对敌斗争，他们的斗争与吉东抗联部队相呼应，紧密连在一起，使敌人不得安宁。三军九师活动在汤原西部，在7月至10月的4个月时间里，毙敌百余名，其中日军七八十人；俘敌数百人；缴获日伪军步枪百余支，轻重机枪6挺，炮1门，子弹数万发。

1937年5月，赵尚志以抗联三军司令部名义发表《为反对秋冬季'讨伐'告一切反日部队及全体战士书》。

"抗联从此过，
子孙不断头。"

抗战青年抗联部队行军过天池
区泉峰上镌刻在大树上的一句豪言壮语。
这句壮语，是五十年前镌刻的，至今清晰
可见。东北抗联的业绩，已成为历史，
但抗联的那种誓死抵抗入侵敌寇
的精神——爱国主义精神，是中华儿女
的优秀传统，是后辈们永远应当铭记、
继承和发扬的。这种爱国主义精神，在
当年是渗透在抗日救国的战斗中；在今天，
则应反映在 认真贯彻 党的十三大路线，
为深化改革，发展生产力，实现"一个中心，
两个基本点"的方针 作出新贡献。

　　　　　　韩光一九八八年元月七日

8月，著《东北义勇军与其战略》一文，综合归纳游击队战略战术。9月18日，以抗日联军总司令名义发表通告，号召各界同胞迅速行动起来，救国光复东北，赢求民族解放和国土完整。

在此期间，抗联第六军主力部队经过远征到达绥棱、海伦抗日游击区。之后，与三军六师部队相配合，共同进攻了海伦县叶家窝堡敌人据点，攻占了侯家大屯，摧毁了伪警察署。7月27日，三军六师部队与日军栗元部队在海伦县李刚烧锅展开遭遇战，击毁敌汽车2辆，歼敌30人，缴九二式重机枪1挺，子弹3000余发。与此同时，另一支三、六军联合部队（三军四师与六军二师）组成模范师，挺进饶河、抚远境内，与抗联七军相配合，在乌苏里江沿岸不断袭击敌人据点，接连打开国福镇、嵩通镇、海青镇，取得了一系列战斗的胜利。

为了进一步动员民众，利用全国抗战的大好时机，把群众进一步组织起来，武装起来，赵尚志在本年的8月20日至24日，召集了北满抗日联军军政联席会议。会议决定为配合全国抗战，在"九一八"国耻日组织爱国群众举行抗日反满大暴动，以掀起新的抗日斗争浪潮。

"九一八"，这是一个灾难的日子。从这一天起，日本帝国主义在东北大地烧、杀、奸淫、抢掠已经6年了。6年间，沦于灾难深渊的东北人民，不畏日本侵略者的高

刻有当年抗联标语的松树依然长青

压，始终没有屈服过。为了不当亡国奴，免受牛马不如的生活，他们在全国抗战的鼓舞下，反抗情绪日益增强，无时不在翘首盼望早日实现民族解放。

1937年9月18日，松花江下游汤原县的桦区、龙区、鹤区、汤区等数千名群众，在抗联六军三师的配合下，手持长矛、大刀、土枪、洋炮，分别集会，举行了声势浩大的抗日反满大暴动。暴动群众愤怒高呼"抗日救国大团结万岁！""把日本侵略者赶出中国去！"的口号，散发《告同胞书》等标语、传单。号召人民群众迅速行动起来，开展各种形式的抗日反满斗争。

会后，暴动群众进行了示威游行。深夜，广大群众按照暴动计划拆毁了汤原至莲江口、二保至鹤立等地的铁路、公路桥梁6座。暴动的群众还曾两次派人到日军守备队驻地丁家粉房送挑战书，以引蛇出洞，消灭这股敌人。但日军守备队听到群众暴动的消息后吓得丢魂丧胆，龟缩在丁家粉房大院里一动也不敢动。日军守备队头目明越更是惊恐不安，如同热锅上的蚂蚁一样，团团乱转。20日深夜，明越即率领部下，脱掉军服，换上老百姓的服装，化装出逃，跑回汤原县城。次日抗日军民将象征着胜利的红旗插在丁家粉房的大门上。暴动持续两昼夜，其声势、规模之大，范围、影响之广，是"九一八事变"后在东北少见的。这次暴动不仅使北满地区，

也使整个东北地区的抗日民众深受鼓舞。赵尚志等领导的东北抗日联军有力地配合了全国的抗日战争。

1938年，抗联形势恶化，这支部队的兵力由最多时的4万人锐减至不足万人，赵尚志只得入苏商讨对策。当时，中共中央和东北共产党失去了联系，恰好共产国际所在地苏联和黑龙江只隔一条江，所以，东北共产党实际上受驻在共产国际的王明及康生指挥。这两位领导都没去过东北前线，但指点起来却"成竹在胸"。赵尚志前后两次公然反对他们的路线，这在当时被一些人说成是"反对王明，就是反对党中央。"对王明路线极不理解的赵尚志，派部下朱新阳带信去苏联面见王明汇报。结果，王明把朱新阳扣下，开除党籍。

正在这时，抗联第六军一师代理师长陈绍滨从苏联

回来带口信说，苏联远东军区司令海洛将军要抗联的一位重要领导过江商量抗日大事。经抗联内部的会议商量后，决定要赵尚志去苏联。1938年1月，赵尚志作为北满临时省委和北满抗联的特命全权代表，率领6名警卫战士和500精锐护送部队经萝北过界苏联。不料，因以前他反对王明、康生指示信中的一些内容，加上内部矛盾，赵尚志等人过境到了苏联后，对方却不承认邀请过他，当即将赵尚志关起来，押进监狱，被关押时间长达一年半。赵尚志在狱中写成了《关于"抗日反满"问题的意见》一文。

东北人民的抗日斗争是艰难曲折的。直至1939年7月，一位苏军军官来到赵尚志关押地，声称："关押赵尚志是一个误会，真是对不起。"并传达上级指示，任命赵尚志为东北抗日联军总司令。

1939年7、8月间，赵尚志出席了在苏联伯力（今属俄罗斯）举行的中共吉东、北满省委代表联席会议（亦称"伯力会议"）。伯力会议的参加者为吉东省委代表周保中，北满省委代表冯仲云和赵尚志。这次会议的主要目的：一是总结东北抗日游击运动的经验，解决吉东和北满党组织内部争论问题，确定今后抗日斗争的任务、方针、策略；二是谋求通过苏联寻求与中共中央的联系及争取苏联在政治、组织、军事上对抗日联军以实际援

助。会议达到了预期目的，赵尚志为这次会议取得的成果感到高兴。1939年春，苏联远东军通知，他已被共产国际任命为东北抗日联军总司令，其后，赵尚志随即召集在苏中方人员，率领这些由在苏联的中国人组成的100余人的队伍，带着6挺机枪、无线电台等，从黑河乘夜渡船返回了东北。

1939年6月，赵尚志指挥部队与敌打了回国第一仗——攻袭乌拉嘎金矿。7-10月间，率部在北部地区几次袭击敌人，其中，成功袭击了两支日本测量队，缴获地图、测量器材及武器等。

1940年2月，赵尚志发表了《东北抗日联军总司令部告东北民众书》。10-11月，经认真回顾思索，赵尚志以"向之"为笔名，写成了《向之关于东北抗日游击队过去与现在的略述》《向之关于布置和建立东北游击队的报告》两篇重要文献。创作军歌《十年血战还要争取最后的一朝》。

1940年春，因游击队难以生存而再度入苏。但是，就在这期间传来了一个意想不到的消息，使赵尚志的心情又沉重起来。此时，北满省委又一次将他开除党籍。

1940年初，由于叛徒利用我东北地方党内的一些矛盾，大肆制造赵尚志不满和企图伤害省委的谣言。1940年1月，中共北满省委第十次常委会在斗争复杂的情况

1940年1月28日召开的中共北满省委第十次常委会上，作出了关于永远开除赵尚志党籍的错误决定。

英雄的坎坷人生

下对赵尚志产生了误解，在"左"倾思想的干扰下未经调查而轻率地作出了"永远开除赵尚志党籍"的决定。经周保中、冯仲云等人上书，中共北满省委只是去掉"永远"两字，仍坚持开除赵尚志的党籍。

赵尚志对这突如其来的消息感到震惊。但他依然坚信共产主义，坚持自己的正确主张。他一面积极向中央申诉，一面坚决要求重返抗日战场。

一生憾事　死于汉奸之手

　　1941年秋，苏联有关方面同意了他的要求，允许他带5个人的小分队，回东北活动。赵尚志一到东北就向周围的同志们说："我死也要死在东北的战场上。"他计划要重新组织起打不散的抗日队伍，消灭日军，为解放东北而战斗。但这时东北的形势更加险恶。1941年秋，日寇在中苏边境举行"关特演"，关东军增兵已近百万，形势严峻，百万敌军遍布各地，汉奸、特务、密探活动十分猖獗。日本的关东军正进行特别大演习，我抗联的部队大部被敌人打散了，只有一些小部队在分散活动。赵尚志却毅然率5人小分队越境进入萝北县山林活动。回到东北后，他才知道，自己6000多人的部队，在仅仅一年多后，已经死的死散的散，所剩无几了。以前收编来的部队大部分叛逃，第八军军长谢文东，三军二师师长兰志渊已向日伪当局投降。

得知赵尚志回来后，曾经捎口信把他骗到苏联的陈绍滨威逼部下先缴了赵尚志的几个士兵的械，又威逼部下去抓赵。后来此人又到处散布消息说，赵要捕杀所有北满省委的主要领导。于是，没有人敢去见赵尚志，赵被孤立起来。在缴不了赵尚志枪械的情况下，陈绍滨秘密命令部下，向附近的日军报告，让他们来捉赵尚志。其汉奸嘴脸终于暴露出来。这个汉奸于1941年后消失了。

其实，最早要刺杀赵尚志的是一个叫周光亚的汉奸。在日军悬赏1万元要赵尚志人头的时候，这个人就混入了赵部，因为有点文化，被任命为司令部秘书。这期间，有人到游击队办事，见到周。周怕暴露身份，于是当另一名汉奸以医生名义混入队内后，他寻机将支队经济部长李启东杀害，夺款逃跑。此事对赵尚志刺激极大。李启东比赵尚志大12岁，赵尚志一直视其为大哥，是跟着赵尚志创立游击队的7人之一。李启东

被刺后，司令部对奸细问题警觉起来，经过对"医生"的审问，才知道他准备投毒害死赵尚志等人。

从此，赵尚志无时无刻地警惕着汉奸。这对他一生的影响也是深远的。在一个随时都可能潜伏土匪、汉奸的部队里，赵尚志的警戒心理可想而知。因为对汉奸过于敏感，他在被诬陷和开除党籍后，曾下意识地把一些党内问题和奸细联系起来，从而又遭到更为残酷的对待。

由于1940年至1941年秋赵尚志滞留在苏联，所以作为敌人追踪、捕杀的重要目标，赵尚志在敌人的情报线索网络上已失踪一年多了。赵尚志的这次出现是为敌人所始料不及的，因此引起了敌人的极大注意。敌人特务机关得到赵尚志活动的情报后，进行了7天的搜山讨伐，但没有发现赵尚志的踪迹。后驻鹤岗日军部队长策划派遣特务打进赵尚志的小分队，伺机诱捕或杀害他。敌人的阴谋终于得手……

赵尚志毅然率抗联战士涉过黑龙江回到北满的林海雪原。最先发现赵尚志踪迹的是鹤立县兴山镇警察署特务主任东城政雄和警署署长田井久二郎。田井久二郎和东城政雄首先密派一个代号"07"的日本特务(会说中国话)，伪装成支持抗联的地下工作者，化名张玉清，打入了赵尚志队伍的内部。"张玉清"不断为抗联"提供给养和递送情报"，很快就取得了赵尚志的信任。1942年2月初，急于打开局面的赵尚志，轻信了"张玉清"提供的梧桐河警力空虚，日本警察多已撤退到鹤立县城的假情报，决定夜袭梧桐河警务所，从

日伪三江省警务厅关于枪杀原东北抗日联军恐指挥赵尚志的档案

田井久二郎对谋杀赵尚志"负全部责任"的认罪书

赵尚志负伤被捕地吕家菜园子

而误入了敌人设下的圈套。

　　日寇谍报头目林大佐得到赵尚志回国的情报后，派特务刘德山以收山货的老客之名进山，找到抗联小分队要求加入。刘德山，原名刘海峰，黑龙江珠河县人，猎手，枪法奇好，被日本人收买来刺杀赵尚志。赵尚志因急于扩大队伍，未识破其奸而将他留下。1942年2月12日凌晨，赵尚志率小分队接近警察分所准备袭击。凌晨1时，寒风低吼，赵尚志带领他的士兵向梧桐河方向移动。部下刘德山说："咱到菜园子屋里暖和一下。"又说，"你们先去，我去解手。"说罢，他转身行至赵尚志身后，举

起步枪，突然从背后开枪。子弹从赵尚志腹部穿过，赵尚志立仆在地。毕竟是赵尚志，他操起手枪，朝刘德山打去，刘德山的头、腹部各中一弹，当即毙命。日本警长听到枪声，指挥警察队冲出。倒地的赵尚志将公文包交给身边战士并催其快走，自己挥枪阻击。

在萧索的寒夜里，一队日军和伪警察，在另一个刚从赵尚志身边溜走的汉奸张锡蔚带领下，潜行过来。短时激战后，赵尚志因失血过多而昏迷过去，被敌抬回梧桐河村。

赵尚志被扶进附近一个孤独的农家小屋，屋子的女主人吓懵了。但听说是赵司令，便用被褥包住赵，并用温暖的手捂着赵尚志被冻得冰凉的手——直到今天，这个当年的年轻媳妇已经老了，但还保存着包裹过赵身体的被褥。

赵尚志醒来后，发现自己躺在爬犁上。他说，"只想死在千军万马中，没成想死在刘炮(刘德山)手里。"赵尚志此时才知道，此行自己身边的5个人中，就有两个是汉奸。1942年，正是东北地区对敌斗争最艰苦的岁月，百战不殆的天纵之才赵尚志，最大的敌人不是日军，而是身边层出不穷的汉奸。

据伪满治安部上送报告称，赵尚志"受伤后仅活8小时"。他垂危时面对突击审问，怒斥了在场的"满人警察卖国"后便闭口不语，狠狠地瞪着审讯他的人，而对自己受重伤所造成的痛苦，未发一声呻吟。其最后的表现，真不愧为一个中国将军的尊严。日寇将他头颅割下用飞机运往长春，与杨靖宇的首级一并陈列，并宣布"祸满元凶从此诛灭"，"满洲共匪最后消灭"。

事实上，东北抗联余部仍在战斗。

赵尚志怀着对祖国的无限热爱和对日本侵略者及其走狗的极端仇恨，英勇地牺牲了。当时，他年仅34岁。

赵尚志同志牺牲了，但是他的爱国精神却永载史册，鼓舞着亿万中国人民为捍卫国家主权、争取民族独立而不懈地战斗。

英雄颅骨　魂归故里

1942年2月17日，伪"三江省"得到伪满军政部尽快将赵尚志遗体运往长春的密令。但由于赵尚志的遗体出现了解冻开化的迹象，伪满军政部决定只将赵的头颅

英雄生前写下的诗词

运到长春。田井久二郎和东城政雄等人将赵尚志的头颅用钢锯锯下，然后派人在松花江冰面上凿了个一米见方的冰窟窿，将赵的遗体投进松花江中。但是，赵尚志的头颅在运到长春后下落不明。

战后，从事战争史研究的日本女学者山崎枝子（林郁），曾亲自去黑龙江佳木斯梧桐河查看了赵尚志牺牲的地方。她了解到，赵尚志将军在梧桐河殉国后的第二年，打入抗联部队中的日本特务"张玉清"因药物过敏死亡；另一个参与杀害赵尚志的凶手、伪满梧桐河警务所所长李树森，也已在1950年的镇压反革命斗争中被萝北县人民法院判处死刑。上述两人死前都不曾对赵尚志头颅的下落有任何交代。至于直接策划杀害赵尚志将军的日本特务、原兴山警务署署长田井久二郎和特务主任东城政雄，已于1963年被中国政府特赦送回日本。

山崎枝子回到日本后，很快就见到了当时75岁的东城政雄。东城政雄告诉山崎枝子：赵尚志将军的头颅是他和田井从冰封雪裹的佳木斯，乘一架日本战斗机运往长春的。当时佳木斯的气温在零下40摄氏度，飞机起飞前，赵尚志的头颅冰冻着被放进一只特制的小木匣里，由东城政雄和两个伪警察护送。飞机在长春大房身机场降落时，东城政雄发现赵尚志冰冻着的头颅开始解冻。赵尚志牺牲时怒目圆睁，被割下头颅后，眼睛依然怒目

而视。可是，飞到长春以后，烈士的眼睛已经闭上了。送到伪满军政部后，由于室内温度更高，没有进行防腐处理的头颅已经有血水渗出。

3天后，当伪满军政大臣于芷山和一群日本军官亲自查验赵尚志头颅的时候，头颅已经散发出变质的气味。所以，于芷山经请示关东军总司令部，决定将将军的头颅焚烧灭迹。就在准备焚烧时，一位僧人及时赶到了。他的名字叫倓虚，是长春市般若寺的住持，当年在伪满新京德高望重。此次，倓虚法师听说为抗日捐躯的赵尚志将军的头颅将被焚毁，便亲自出面请求将赵尚志的这颗头颅掩埋在般若寺内。关东军最高司令官居然答应了倓虚法师的要求。

新中国成立后，抗联老战士和有关部门虽多次寻找赵尚志头颅的掩埋之地。但是，倓虚法师早已作古，其他僧人均不知此事详情。赵尚志将军头颅的下落从此成了人们心中的一个谜。

日月如梭，转眼已是21世纪。沈阳军区政治部电视艺术中心编导姜宝才和许多人一样，一直在苦苦寻觅着抗日民族英雄赵尚志失踪的头颅。2004年6月1日，姜宝才来到长春般若寺。在寺院，姜宝才向僧人们打听到：近日寺院修缮围墙时，几个民工在后院北墙下挖出了一个无名头颅，并于当天下午埋到了长春市远郊的净月潭公园山坡上。姜宝才根据史料判断，这与赵尚志的头颅埋在这个寺院的史实吻合。他有一种强烈的预感：这可能就是赵尚志失踪62年的头颅。于是，姜宝才将此事迅速告知了远在哈尔滨的抗联老战士、赵尚志的老部下、曾任黑龙江省省长的陈雷及夫人李敏。

6月2日，在僧人引领下，在长春市远郊的净月潭公园山坡上一片遮天蔽日的松林中，找到了头颅。

6月18日，他们邀请了黑龙江多位专家、学者，对头颅进行初步鉴定。鉴定结果如下：从头颅的特征看，此头颅为男性，死亡年龄在28岁至40岁之间；从颅骨的

抗联老战士为赵尚志塑像揭幕

颜色、石化程度、风化程度等综合特征观察，其死亡和埋藏时间，估计有几十年历史；在左眼眶下部和左颧骨内侧有硬伤，为死者生前受伤并经几年自我修复所致；年龄在35岁至40岁左右；身高162厘米（误差正负5厘米）。所有的鉴定人，均是在毫不知情的情况下进行鉴定的，但结果都与史料记载基本吻合：赵尚志牺牲时34岁；1932年10月，在一次战斗中左眼眶下被弹片击伤，经过治疗，眼伤治愈；其身高为162厘米。同时，根据颅骨造型分析形成的电脑复原像，其相貌也得到了赵尚志的胞妹、赵尚志老部下陈雷及其夫人李敏等人的认可。

2004年11月24日，哈尔滨市委邀请赵尚志亲属、抗联老战士和头颅的发现者，共同将颅骨护送到北京，交公安部物证鉴定中心进行检验鉴定。12月3日和17日，公安部分别进行了人类学鉴定和颅像重合鉴定。

人类学检验报告［（2004）公物证鉴字7994号］结果是：送检颅骨为男性，年龄为33.4岁，身高为162厘米。上述结果与档案资料所记载的赵尚志烈士的体质特征相符。送检颅骨所示的骨伤部位与历史文献记载的情况相符。

颅像重合检验报告［（2004）公物证鉴字8336号］结果是：经重合检验发现，送检颅骨可检验部分上的标志点和赵尚志烈士照片上的标志点、标志线均能重合在标准范围内，颅骨与照片的形态轮廓曲线一致，曲线的距离（软组织厚度）在正常范围内，符合颅骨与照片出自同一人的条件。

看到公安部的权威鉴定，赵尚志的妹妹赵尚文哭了，抗联老战士李敏哭了，头颅发现者姜宝才也哭了……找到失踪62年的英雄颅骨，不能不说是民族的一桩幸事！

英雄的颅骨找到后，英雄出生、生活、战斗过的地方，黑龙江哈尔滨、吉林长春、辽宁朝阳等地政府，都希望能迎归英雄的颅骨。经过积极争取，中央决定将赵尚志将军的颅骨安葬在朝阳县尚志乡尚志村。2008年10月26日，是抗日英雄赵尚志将军100周年诞辰纪念日。英雄的妹妹赵尚文，带着经过公安部鉴定认证的赵尚志头骨回到家乡朝阳。在辽宁省朝阳市赵尚志烈士陵园，赵尚志的亲属和来自哈尔滨的抗联老战士以及抗联英雄的后代100余人，隆重安葬了赵尚志的颅骨。

永志不忘　英魂名垂千古

为了纪念这位不朽的民族英雄，东北解放后，黑龙江省人民政府将原珠河县改称尚志县（今黑龙江省尚志市），将哈尔滨市的一条主要街道命名为尚志大街，烈士

尚志市人民政府

　　为纪念英雄，黑龙江省珠河县第一届人民代表大会决定，将珠河县改名为尚志县（现尚志市）。

遇难的梧桐河村改名为尚志村，其事迹陈列于东北烈士纪念馆。

尚志柳

党的十一届三中全会后，当人们颂扬赵尚志的英雄事迹时，发现他牺牲时竟然还是被开除党籍的。1982年6月8日，黑龙江省委经复查，宣布当年的处分"是一起历史冤案"，决定撤销1940年1月中共北满省委关于开除赵尚志党籍的决定，恢复赵尚志党籍，推倒强加给赵尚志同志的一切不实之词，恢复名誉。在烈士牺牲40年后又重新恢复了他的党籍，并在尚志市城建立了尚志将军纪念馆。

在赵尚志将军的家乡，小凌河畔，有一棵大柳树。一进尚志村就能看到这棵很高大的柳树，长得高大、粗壮。在这棵柳树的护墙上，有三个大字："尚志柳"。赵尚志是喝小凌河水长大的，在这个小山村里，他度过了童年。赵尚志在少年的时候，经常在这棵柳树下和小朋友玩耍，这给赵尚志的童年带来了很多乐趣。

不远处，用太行山地区一块天然形成的花岗岩巨石制成的"民族英雄赵尚志之碑"巍然屹立，碑文如下：

公1908年生于辽宁朝阳一书香之家，明礼崇义，就学许公，倾心马列。17岁加入中共，负笈南游，求学黄埔。奉调北返，投身革命。两度系狱，虽临酷刑而坚贞不屈。"九一八"变起，日寇铁蹄践踏东北，白山蒙尘，黑水呜咽，下厂入校，宣传抗日。与同志炸毁军车，致敌死伤百余人。1932年为北满省委军委书记，出任巴彦游击队政委，严纪爱民，攻巴彦、入东兴，突围三叉河，夜袭五常县，声震敌胆。然上峰错误决策被逐出党。不甘无为只身闯义勇军孙朝阳部，单骑下宾州，由马伕而参谋长。1933年创珠河游击队，木炮打宾州，机枪歼敌机，军威大震。

民族英雄赵尚志之碑

义军势力遍及松花江以北十数县。1936年1月任抗联总司令，同年任北满临时省委执行主席。率军西征，大小百余战，毙、伤、俘敌千余人，攻袭城镇20余座。冰趟子大捷，日寇惊呼："小小满洲国，大大赵尚志"。1940年受叛徒挑拨，被北满省委除名，仍继续坚持抗日斗争。1942年被奸细出卖，壮烈牺牲，英年34岁。

公少小投身革命，终生献身于抗日救国大业，卧雪饮冰，心热如火；前仆后继，豪气干云。以不足七尺之躯，擎义帜，率怒师，纵横千余里，长达十余年；摧敌垒，惩顽憝，强寇闻风丧胆，万金购首，树一面反侵卫国之大旗！一生两入敌狱逼于外，两度蒙冤阋于内，三挫而三起，赤胆忠心，矢志不移，终至玉碎，可谓亘古少有大英雄！

今逢百岁冥诞，特树碑以彰其绩。英雄有灵，忠骨终归故土；桑梓情深，千载永护忠魂。

一代民族英雄赵尚志，他的浩然正气与革命精神，将永存人间，激励着千千万万个后来者为中华民族的独立、富强而奋斗不息！

中华爱国人物故事
ZHONGHUA AIGUO RENWU GUSHI